Comece por
vocé

Reid Hoffman
Cofundador e presidente do LinkedIn

e

Ben Casnocha

Comece por você

Adapte-se ao futuro, invista em você
e transforme a sua carreira

Tradução
Luciene Scalzo

ALTA BOOKS
EDITORA
Rio de Janeiro, 2019

Comece Por Você - Adapte-se ao seu futuro, invista em você e trasforme sua carreira
Copyright © 2019 da Starlin Alta Editora e Consultoria Eireli. ISBN: 978-85-508-0729-4

Translated from original The Start-Up of You. Copyright © 2012 by Reid Hoffman and Ben Casnocha. All rights reserved. ISBN 978-0-307-88890-7. This translation is published and sold by permission of John Wiley & Sons, Inc., the owner of all rights to publish and sell the same. PORTUGUESE language edition published by Starlin Alta Editora e Consultoria Eireli, Copyright © 2019 by Starlin Alta Editora e Consultoria Eireli.

Todos os direitos estão reservados e protegidos por Lei. Nenhuma parte deste livro, sem autorização prévia por escrito da editora, poderá ser reproduzida ou transmitida. A violação dos Direitos Autorais é crime estabelecido na Lei nº 9.610/98 e com punição de acordo com o artigo 184 do Código Penal.

A editora não se responsabiliza pelo conteúdo da obra, formulada exclusivamente pelo(s) autor(es).

Marcas Registradas: Todos os termos mencionados e reconhecidos como Marca Registrada e/ou Comercial são de responsabilidade de seus proprietários. A editora informa não estar associada a nenhum produto e/ou fornecedor apresentado no livro.

Publique seu livro com a Alta Books. Para mais informações envie um e-mail para autoria@altabooks.com.br

Obra disponível para venda corporativa e/ou personalizada. Para mais informações, fale com projetos@altabooks.com.br

---

Copidesque
Shirley Lima da Silva Braz

Revisão
Jayme Teotônio Borges Luiz e Cynthia Gaudard

Editoração Eletrônica
Estúdio Castellani

Produção Editorial
Elsevier Editora - CNPJ: 42.546.531./0001-24

Erratas e arquivos de apoio: No site da editora relatamos, com a devida correção, qualquer erro encontrado em nossos livros, bem como disponibilizamos arquivos de apoio se aplicáveis à obra em questão.

Acesse o site www.altabooks.com.br e procure pelo título do livro desejado para ter acesso às erratas, aos arquivos de apoio e/ou a outros conteúdos aplicáveis à obra.

Suporte Técnico: A obra é comercializada na forma em que está, sem direito a suporte técnico ou orientação pessoal/exclusiva ao leitor.

A editora não se responsabiliza pela manutenção, atualização e idioma dos sites referidos pelos autores nesta obra.

CIP-Brasil. Catalogação na fonte
Sindicato Nacional dos Editores de Livros, RJ

H647c   Hoffman, Reid
         Comece por você : adapte-se ao futuro, invista em você e transforme sua carreira / Reid Hoffman, Ben Casnocha ; tradução Luciene Scalzo. - Rio de Janeiro : Alta Books, 2019.
         23 cm

         Tradução de: The start-up of you
         ISBN: 978-85-508-0729-4

         1. Profissões - Mudança. 2. Profissões - Desenvolvimento. 3. Redes de negócios. I. Casnocha, Ben. II. Título

12-2663.   CDD: 650.1
                                          CDU: 65.011.4

Rua Viúva Cláudio, 291 — Bairro Industrial do Jacaré
CEP: 20.970-031 — Rio de Janeiro (RJ)
Tels.: (21) 3278-8069 / 3278-8419
www.altabooks.com.br — altabooks@altabooks.com.br
www.facebook.com/altabooks — www.instagram.com/altabooks

Para minha mãe e meu pai,
que tentaram me ensinar a ser sábio,
e para Michelle,
que tenta me ensinar a ter compaixão todos os dias

RGH

• • •

Para Mac Doctor,
por me inspirar a Pensar Diferente

BTC

Agradecimentos

Uma rede é imprescindível para se escrever um livro. Estendemos um imenso muito obrigado a Talia Krohn por seu trabalho fantástico na edição do livro e por defender o projeto entusiasticamente por mais de um ano. Lisa DiMona nos ofereceu sua sábia consultoria e incentivo desde o início. Brett Bolkowy ajudou pesquisando e apurando as ideias do livro e contribuiu para o apoio organizacional fundamental. Peter Economy e Josh Mitrani forneceram apoio editorial e de pesquisa. Von Glitschka fez as ilustrações dos capítulos.

. . .

Tive a alegria e o prazer de trabalhar com algumas pessoas próximas de minha rede neste livro. Infelizmente, não pude trabalhar com outras pessoas importantes de minha rede neste projeto devido a limitações logísticas. Por isso, parece-me correto agradecer a toda a minha rede, porque todos eles ajudaram a desenvolver as ideias aqui apresentadas. Em especial, gostaria de lembrar três de meus professores que me ofertaram o tempo e os insights que mudaram minha vida: Lisa Cox e Tom Wessells, da Putney School, que inicialmente me encaminharam para que eu me tornasse um intelectual público, e Jonathan Reider, da Stanford University, que estendeu esse caminho.

RGH

Sou grato a todas as pessoas que me apoiaram neste projeto. Uma especial reverência a Jessie Young, Stephen Dodson, Chris Yeh e Cal Newport, que foram além do dever propriamente dito.

E um sincero agradecimento aos meus pais por tudo o que fazem.

BTC

Sumário

Agradecimentos *vii*

1 TODOS OS SERES HUMANOS SÃO EMPREENDEDORES   *1*

O NOVO MUNDO DO TRABALHO   *4*

POR QUE *COMECE POR VOCÊ*   *7*

POR QUE NÓS?   *9*

PARA QUE A URGÊNCIA?   *11*

    Sixty to Zero   *14*

    Há Detroits por toda parte   *16*

O CAMINHO PARA O FUTURO   *18*

    A disposição mental "comece por você": beta permanente   *20*

    A qualificação "comece por você"   *22*

2 DESENVOLVA VANTAGEM COMPETITIVA   *25*

TRÊS PEÇAS DE QUEBRA-CABEÇAS INDICAM SEU DESTINO
E SUA VANTAGEM COMPETITIVA   *30*

    Seus recursos   *30*

    Suas aspirações e seus valores   *33*

    As realidades de mercado   *35*

ENCAIXE AS PEÇAS 37

TODAS AS VANTAGENS SÃO LOCAIS: ESCOLHA UM MONTE
MENOS CONCORRIDO 40

3 PLANEJE ADAPTAR-SE 45

STARTUPS ADAPTÁVEIS, CARREIRAS ADAPTÁVEIS 50

PLANEJAMENTO ABZ 55

PLANO A: QUASE PRONTO, APONTAR, FOGO, APONTAR, FOGO,
APONTAR, FOGO... 62

PLANO B: PIVOTE ENQUANTO VOCÊ APRENDE 65

Quando pivotar: buscar os ganhos e evitar as perdas 67

*Para onde pivotar: para um nicho adjacente, algo diferente,
mas relacionado* 71

Como pivotar: comece paralelamente 72

PLANO Z: ENTRE NO SEU BOTE SALVA-VIDAS E REORGANIZE-SE 73

4 UMA REDE É IMPRESCINDÍVEL 77

Eu^{Nós} (Eu elevado a Nós): você e sua equipe 82

*O contexto faz diferença: a construção de relacionamentos
na vida profissional* 84

CONSTRUA RELACIONAMENTOS GENUÍNOS 86

A ESTRUTURA E A FORÇA DA REDE QUE VOCÊ JÁ TEM 91

Aliados profissionais 93

Laços fracos e conhecidos: aumente a amplitude de sua rede 99

Sua rede estendida: conexões de segundo e terceiro graus 104

A melhor rede profissional: coesa e diversificada 112

COMO FORTALECER E MANTER SUA REDE 115

Em contato e marcando presença 119

Navegue pela dinâmica do status ao lidar com pessoas poderosas 124

Quando desistir 129

5 BUSQUE AS GRANDES OPORTUNIDADES *133*

FIQUE LIGADO: SEJA CURIOSO *139*

COMO ENCONTRAR E GERAR OPORTUNIDADES DE CARREIRA *140*

Provoque a serendipidade e a boa aleatoriedade *140*

Conecte-se a redes humanas: grupos e associações de pessoas *144*

Vá a luta *153*

6 CORRA RISCOS INTELIGENTES *165*

AVALIANDO E ADMINISTRANDO O RISCO *169*

*Busque oportunidades onde outras pessoas veem
riscos que não existem* *175*

RISCOS DE CURTO PRAZO AUMENTAM A ESTABILIDADE
DE LONGO PRAZO *178*

7 DIGA-ME COM QUEM ANDAS E EU TE DIREI O QUE SABES *187*

NAVEGUE PELOS DESAFIOS PROFISSIONAIS COM UM SERVIÇO
DE INFORMAÇÕES DA REDE *190*

Como extrair inteligência de sua rede *193*

Faça perguntas para toda a sua rede *197*

Faça perguntas direcionadas a indivíduos específicos *198*

Faça boas perguntas *201*

A serendipidade da ocasião *204*

SINTETIZE A INFORMAÇÃO EM INTELIGÊNCIA QUE POSSA SER USADA *206*

Conclusão *215*

Conecte-se a nós *221*

Leituras complementares *223*

Notas *231*

Índice *241*

1
Todos os seres humanos são empreendedores

Todos os seres humanos são empreendedores. Na época em que vivíamos nas cavernas, éramos todos autônomos... Encontrando nossa comida, alimentando-nos por conta própria. Foi aí que a história da humanidade começou. Com o início da civilização, nos retraímos. Nós nos transformamos em "mão de obra" porque nos rotularam: "Vocês são mão de obra." Nós nos esquecemos de que somos empreendedores.

Muhammad Yunus, ganhador do Prêmio Nobel da Paz
e precursor das microfinanças

Você nasceu empreendedor.

Isso não significa que você tenha nascido para abrir empresas. Na verdade, a maioria das pessoas não deveria abrir empresas. As raras chances de sucesso somadas aos constantes baques emocionais tornam a iniciativa de abrir uma empresa um caminho acertado para poucos.

Todos os humanos são empreendedores não porque deveriam abrir empresas, mas porque a disposição para criar está gravada no DNA humano, e a criação é a essência do empreendedorismo. Como Yunus diz, nossos ancestrais das cavernas tinham de alimentar a si

COMECE POR VOCÊ

mesmos; tiveram de inventar regras de sobrevivência. Eles foram os fundadores de suas próprias vidas. Nos séculos seguintes, nós nos esquecemos de que somos empreendedores. Temos agido como se fôssemos mão de obra.

Nos dias de hoje, para nos adaptarmos aos desafios da vida profissional, precisamos redescobrir nossos instintos de empreendedores e usá-los para criar novos tipos de carreiras. Não importa se você é advogado, médico, professor ou engenheiro, ou mesmo se tem seu próprio negócio, agora também precisa pensar em si mesmo como um empreendedor à frente de pelo menos uma empresa startup viva, em crescimento: *sua carreira*.

Este livro não é um guia para quem está procurando emprego. Você não vai encontrar truques para elaborar seu currículo ou dicas de como se preparar para uma entrevista de trabalho. O que vai encontrar são a disposição mental e o conjunto de habilidades de startup, necessários para que você se adapte ao futuro. Vai encontrar estratégias que o ajudarão a estender o alcance de sua rede de relacionamentos, ganhar vantagem sobre a concorrência e conseguir melhores oportunidades profissionais.

Seu futuro sucesso depende de compreender e colocar em prática essas estratégias como empreendedor. Em geral, a sociedade prospera quando as pessoas pensam como profissionais empreendedores. Mais problemas mundiais seriam resolvidos – e mais rapidamente – se as pessoas colocassem em prática os valores descritos nas páginas seguintes. Este é um livro sobre você e também sobre como melhorar a sociedade à sua volta. Isso começa com cada indivíduo.

O NOVO MUNDO DO TRABALHO

Durante séculos, imigrantes arriscaram tudo para vir para a América, convictos de que o trabalho árduo lhes renderia uma vida melhor do

Todos os seres humanos são empreendedores

que a de seus pais.[1] Desde o surgimento de nosso país, cada geração de americanos tem ganhado mais dinheiro, recebido mais educação e desfrutado de mais qualidade de vida do que a geração anterior. Uma expectativa de acréscimos consecutivos de prosperidade tornou-se parte do Sonho Americano.

Nos últimos 60 anos mais ou menos, o mercado de trabalho para profissionais qualificados funcionou como uma escada rolante.[2] Depois de se formar na faculdade, conseguia-se um emprego como iniciante no nível mais baixo da escada de uma IBM, uma GE ou uma Goldman Sachs. Ali você seria preparado e orientado, e receberia treinamento e aperfeiçoamento profissional de seu empregador. À medida que ganhasse experiência, rapidamente seria lançado escada acima na hierarquia da empresa, desocupando a vaga para os ambiciosos recém-formados, que o sucederiam ocupando as mesmas funções de iniciante. Contanto que sua atuação fosse boa e correta, você gradativamente subiria a escada rolante, e cada degrau traria mais poder, renda e estabilidade no emprego. Por volta dos 66 anos, chegaria o momento em que sairia da escada rolante, deixando que os empregados de meio escalão preenchessem as mesmas funções seniores que você acabasse de desocupar. E, nesse ínterim, desfrutaria de uma confortável aposentaria garantida pelos fundos de pensão da empresa e da previdência social.

As pessoas não achavam que tudo isso era necessariamente automático. Mas havia uma sensação de que, se você fosse competente, se empenhasse o bastante e não tivesse azar, no devido tempo os fortes ventos às suas costas o soprariam para o alto escalão. Para a maioria, esta era uma expectativa que fazia sentido.

Mas agora todos os níveis daquela escada rolante estão abarrotados. Muitos jovens, até mesmo os mais instruídos, estão presos no primeiro degrau, sujeitando-se a subempregos, ou desempregados, como observou Ronald Brownstein em *Atlantic*.[3] Ao mesmo tempo, homens e mulheres de 60 ou 70 anos, desprovidos de fundos de pensão e dependentes

COMECE POR VOCÊ

de uma rede de proteção social que mais parece um queijo suíço, estão permanecendo no mercado de trabalho ou retornando a ele em número recorde.[4] Na melhor das hipóteses, os trabalhadores de meia-idade são relegados a um limbo sem promoção; na pior, acabam espremidos para dar espaço a outros talentos sêniores. Hoje em dia, para o jovem, está difícil entrar na escada rolante, para o sujeito de meia-idade está difícil subir e para qualquer um acima de 60 está difícil de sair. "Em vez de progredir passo a passo tranquilamente, todo mundo está pisando em todo mundo", diz Brownstein.

Com o fim dos tradicionais planos de carreira, também se foi a maneira tradicional de desenvolvimento profissional da qual as gerações anteriores se valeram. Você já não pode contar com o treinamento oferecido pelo empregador para aprimorar sua retórica ou expandir seu conhecimento técnico. Espera-se até mesmo de empregados de baixo escalão que consigam realizar o trabalho para o qual foram contratados logo que entram na empresa, ou que aprendam tão rapidamente que, em semanas, já estejam capacitados.[5]

Queira você desenvolver uma nova habilidade ou apenas realizar melhor o trabalho para o qual foi contratado, o treinamento e o investimento em si mesmo agora estão por sua conta. As empresas não querem investir em você, em parte porque você provavelmente não vai passar anos e anos trabalhando ali – vai ter vários empregos ao longo de sua vida. Costumava existir um pacto de longo prazo entre empregados e empregadores que garantia o emprego por toda a vida em troca de lealdade vitalícia; esse pacto foi substituído por um contrato de curto prazo, com base no desempenho, que pode ser permanentemente renovado por ambas as partes. A lealdade profissional agora flui "horizontalmente" para você e de você para sua rede de relacionamentos, e não "verticalmente" para seu patrão, como explica Dan Pink.

A dissolução dessas concepções tradicionais sobre carreira está ligada a pelo menos duas macroforças inter-relacionadas: globalização e tecnologia. Esses conceitos podem lhe parecer batidos, mas seus efeitos de longo prazo são, na verdade, pouco divulgados. A tecnologia automatiza os empregos que costumavam exigir conhecimentos e habilidades adquiridos com sacrifício, incluindo empregos administrativos e *bem remunerados*, como os dos corretores de valores, assistentes jurídicos e radiologistas.[6] A tecnologia também cria novos empregos, mas o número de vagas tende a não dar conta das demissões, e os novos empregos geralmente requerem habilidades diferentes, de nível mais elevado do que aquelas que os empregos antigos exigiam.[7] Se a tecnologia não elimina ou modifica as habilidades de que você precisa em muitos setores, no mínimo capacita mais pessoas no mundo todo a concorrer a seu emprego, pois permite que as empresas contratem mão de obra estrangeira mais facilmente – nocauteando seu salário nesse processo. O comércio exterior e a tecnologia não apareceram do dia para a noite e não vão desaparecer tão cedo. O mercado de trabalho em que todos nós trabalhamos foi permanentemente modificado.

Por isso, esqueça o que você pensou que sabia sobre o mundo do trabalho. As regras mudaram. "Preparar, apontar, fogo" virou "Apontar, fogo, apontar, fogo, apontar, fogo". Procurar por emprego apenas quando você está desempregado ou insatisfeito no trabalho perdeu lugar para a obrigação de sempre gerar oportunidades. O networking deu lugar à construção inteligente de uma rede de relacionamentos.

Está aumentando a lacuna entre os que conhecem as novas regras da carreira e têm as novas habilidades de uma economia global e aqueles que se agarram ao velho modo de pensar e se atêm a habilidades comoditizadas. A pergunta é: qual deles é você?

POR QUE *COMECE POR VOCÊ*

Com a mudança, aparecem novas oportunidades, assim como desafios. Uma disposição mental de empreendedor hoje é imprescindível.

COMECE POR VOCÊ

Quer você trabalhe para uma empresa de 10 pessoas, uma corporação multinacional gigantesca, uma organização sem fins lucrativos, uma agência do governo ou qualquer outro tipo de organização, se você quiser aproveitar as novas oportunidades e enfrentar os desafios do cenário de carreiras fragmentadas dos dias de hoje, precisa pensar e agir como se estivesse administrando uma startup: sua carreira.

Por que *Comece por você*? Quando você abre uma empresa, toma decisões em um âmbito de informação precária, tempo escasso e recursos limitados. Não há garantias ou redes de segurança, portanto você corre certo risco. A concorrência está mudando; o mercado está mudando. O ciclo de vida da empresa é razoavelmente curto. As condições nas quais os empreendedores abrem e fazem as empresas crescerem são agora comuns a *todos nós* ao criarmos uma carreira. Você nunca sabe o que vem pela frente. A informação é limitada. Os recursos são apertados. A concorrência é violenta. O mundo está mudando. E a quantidade de tempo que você passa fazendo qualquer trabalho que seja está diminuindo. Isso quer dizer que você precisa ficar se adaptando o tempo todo. E, se não conseguir se adaptar, ninguém – nem seu empregador nem o governo – vai segurá-lo quando você cair.

Empreendedores se defrontam com essas incertezas, mudanças e limitações. Eles avaliam seus recursos, aspirações e as realidades de mercado para desenvolver vantagem competitiva. Eles traçam planos flexíveis e iterativos. Constroem uma rede de relacionamentos envolvendo todo o seu ramo de atividade, que sobrevive ao fim da startup. Eles são agressivos ao buscar e gerar as grandes oportunidades que envolvem o risco calculado, e ativamente administram esse risco. Eles recorrem à sua rede de relacionamentos para obter inteligência de negócios e orientar-se frente aos desafios. Eles agem dessa maneira desde o instante em que traçam o primeiro esboço da ideia e em cada dia subsequente – mesmo quando a administração das empresas começa em uma garagem e acaba por ocupar andares inteiros com seus escritórios. *Para ser bem-sucedido profissionalmente no mundo de hoje, você precisa adotar estas mesmas estratégias empreendedoras.*

Essas estratégias são importantes independentemente do estágio em que sua carreira se encontra. Elas são urgentes tenha você acabado de se formar, esteja no mercado de trabalho há uma década e ensaiando para o próximo grande passo ou inaugurando uma nova carreira mais tarde na vida. As empresas dão passos pequenos para manter uma frente inovadora, não importa o quanto cresçam. Steve Jobs chamou a Apple de "a maior startup do planeta". Da mesma forma, você precisa estar sempre jovem e ágil; você precisa ser uma eterna *startup*.

POR QUE NÓS?

Em 2003, eu (Reid) fui um dos fundadores da LinkedIn, com a missão de conectar os profissionais do mundo para torná-los mais produtivos e bem-sucedidos. Mais de 100 milhões de usuários (no momento do IPO [oferta pública inicial de ações] da LinkedIn, em maio de 2011) e nove anos passados desde então, aprendi bastante sobre como profissionais em cada setor gerenciam suas carreiras: como se conectam a contatos confiáveis, encontram emprego, compartilham informações e apresentam suas identidades on-line. Por exemplo, na enorme quantidade de profissionais cadastrados no LinkedIn, eu e meus colegas colhemos insights sobre as habilidades mais valorizadas, as tendências do setor e os planos de carreira que levavam a oportunidades. Reuni insights sobre quais abordagens dão certo e quais dão errado; quais táticas funcionam e quais não funcionam. Nesse período, comecei a notar algo absolutamente fascinante que tinha relação com minha outra paixão: o investimento.

Embora seja CEO do LinkedIn, meu emprego fixo principal, também invisto em outras startups. Como *angel investor* e, agora, como

COMECE POR VOCÊ

sócio da Greylock, investi em mais de 100 empresas. Isso me deu a oportunidade de ajudar empreendedores incríveis a dimensionar seus negócios: seja por meio de um brainstorming com Mark Pincus na Zynga sobre estratégia de jogos interativos, refletindo sobre o futuro da internet móvel com Kevin Rose na Digg and Milk (sua empresa de dispositivos móveis), ou colaborando com Matt Flannery para levar o modelo de microcrédito da Kiva para toda a população de baixo poder aquisitivo do mundo. Por meio dessas experiências diferentes, criei um olho clínico para os parceiros de sucesso e os parceiros que fracassam no empreendedorismo.

Tendo em mente essas duas atividades – ajudar o LinkedIn a possibilitar mais oportunidades econômicas para os usuários, assim como colaborar para o crescimento do meu outro portfólio de empresas –, cheguei a uma revelação: as estratégias de negócios empregadas pelas *startups* altamente bem-sucedidas e as estratégias de carreira usadas pelos *indivíduos* altamente bem-sucedidos são absurdamente parecidas. Desde então, venho processando tudo o que venho aprendendo em 20 afortunados anos no Vale do Silício em sistemas estratégicos e aplicando à ideia de que cada indivíduo é uma pequena empresa. Penso em minha própria carreira exatamente deste modo: como uma startup.

Logo que conheci Ben, ele estava em um momento crítico da carreira: tentava decidir se investia em mais empresas de tecnologia (ele já havia aberto duas empresas), se escrevia mais (havia escrito um livro sobre empreendedorismo), se viajava para fora do país (já havia realizado inúmeras viagens internacionais) ou se fazia um pouco de cada coisa. Naquela época, com seus vinte e poucos anos, ele se debatia com questões do tipo: Quanto tempo no futuro deveria planejar? A que tipos de risco seria recomendável expor sua carreira? Como seria possível alguém experimentar extensivamente *e ao mesmo tempo* obter qualificação especializada? Então, ele disse algo que me intrigou. Ele me contou que, ainda que seu próximo passo não fosse abrir uma nova empresa, mesmo assim enfrentaria todas essas questões críticas sobre a carreira como um empreendedor faria.

Nos meses que antecederam nosso primeiro encontro, Ben visitou dezenas de países e conheceu milhares de estudantes, empreendedores, jornalistas e empresários – de faculdades comunitárias na América Central e proprietários de pequenas empresas na região rural da Indonésia a líderes do governo colombiano. Nesses lugares afastados, ele falou sobre suas próprias experiências e, simultaneamente, observou e veio a conhecer as aspirações e o modo de pensar dos talentosos habitantes de cada local. O que de mais notável ele observou era que o empreendedorismo – no sentido mais amplo da palavra – estava por toda parte: a milhares de quilômetros de distância do Vale do Silício, no coração e na cabeça das pessoas que não necessariamente estavam abrindo empresas. Embora eles pudessem não considerar a si mesmos empreendedores, sua postura com relação à vida lembrava em cada pequeno detalhe os costumes do Vale do Silício: eles eram autossuficientes em essência, inventivos, ambiciosos, adaptáveis e estavam conectados em uma rede de relacionamentos. A partir dessas experiências, ele chegou por si mesmo à mesma conclusão a que cheguei: o empreendedorismo é um conceito de *vida*, não estritamente de negócios; um conceito *global*, não estritamente americano. (O que também constatei trabalhando no Conselho da Endeavour, uma organização internacional de empreendedorismo.) E, como as duas décadas entre nós comprovam, é também uma ideia que permanece *ao longo da vida*, que não é inerente a uma geração.

PARA QUE A URGÊNCIA?

Antes de seguirmos adiante vendo de que maneira o empreendedorismo como conceito de vida pode transformar sua carreira, precisamos compreender o que está em jogo. Não há melhor maneira de demonstrar os perigos que estão à espreita de quem deixa de adaptar sua disposição mental "comece por você" do que recordando o que aconteceu a um lugar que *um dia* representou o que havia de melhor em empreendedorismo: Detroit.

Na metade do século XX, Detroit desabrochou como uma capital mundial dinâmica graças a três startups da região: Ford Motor Company, General Motors e Chrysler. Naquele momento, estas montadoras automotivas eram tão inventivas quanto possível. A Ford descobriu um modo de produzir em linhas de montagem carros e caminhões em massa, uma técnica que mudou a indústria para sempre. A GM e seu célebre presidente Alfred Sloan desenvolveram um sistema de gerência e organização que foi imitado por centenas de outras empresas. Eles também eram visionários. Corajosamente, acreditaram (quando poucos o fizeram) que os carros seriam ubíquos em um país que celebrava a ideia de uma fronteira aberta. Alfred Sloan prometia "um carro para cada bolso e finalidade". Henry Ford comunicou que montaria um carro "tão barato que nenhum homem que ganhasse um bom salário seria incapaz de possuir".

Como os melhores empreendedores, eles fizeram mais do que apenas sonhar. Eles arregaçaram as mangas e criaram o futuro que haviam imaginado. Em conjunto, na segunda metade do século XX, as montadoras americanas produziram centenas de milhares de automóveis arrojados e elegantes, e os venderam para consumidores de toda parte do mundo. Em 1955, a GM foi a primeira empresa da história a alcançar a renda de US$1 bilhão.[8] No final daquela década, a GM era uma potência tão temida que o Departamento de Justiça considerou a possibilidade de desmembrá-la.

Um emprego nessas empresas incorpora perfeitamente o antigo modelo escada rolante de carreira. Havia uma imbatível estabilidade no emprego – praticamente ninguém era demitido das montadoras. Se você não tivesse as habilidades necessárias, seu patrão o treinaria. A General Motors chegou até mesmo a administrar sua própria

Todos os seres humanos são empreendedores

universidade, integrando o estudo em sala de aula ao trabalho na fábrica. Um diploma dessa instituição praticamente garantia um emprego vitalício e os benefícios que o acompanhavam. À medida que acumulasse tempo de serviço, subiria na hierarquia da empresa.

Durante os anos de boom vividos pela indústria automotiva, a cidade de Detroit prosperou. Era a terra dos sonhos, da riqueza e da tecnologia da nova geração. "Aquilo era o Vale do Silício, cara", comentou Tom Walsh, colunista de um jornal local, refletindo sobre a era de ouro de Detroit. Os empreendedores estavam levando fortunas imensas para casa e 1 milhão de pessoas novas inundaram Detroit querendo tentar a sorte – um influxo que levou Detroit a ser a quarta cidade mais populosa do país.[9] Os salários eram altos; a renda média na cidade era a mais alta da América.

A compra de imóveis residenciais foi às alturas. Além de ser um ótimo lugar para se morar, Detroit ostentava uma diversidade, uma energia, uma cultura e um espírito progressista que concorriam com Chicago e Nova York em pé de igualdade. Foi a primeira cidade a conceder números de telefone particulares, a pavimentar com concreto uma rodovia de mais de 1,5km e a criar uma autoestrada urbana.

Nos anos 1940, 1950 e 1960, Detroit foi uma joia da coroa da América. "No mundo todo, a palavra *Detroit* é sinônimo da excelência industrial da América", proferiu o Presidente Harry Truman na época.[10] Era uma peça-chave do "arsenal da democracia", tão simbólica da excepcionalidade americana que os visitantes do mundo todo chegavam em bandos para vislumbrar o empreendedorismo e a inovação em sua melhor forma.

E então as montadoras de Detroit perderam seu espírito empreendedor. Os empreendedores se tornaram mão de obra. E, como o *Titanic* colidindo com a ponta do iceberg, Detroit começou a afundar lentamente até o fundo.

Sixty to Zero

"Ano após ano, década após década, temos visto problemas sendo varridos para debaixo do tapete e escolhas difíceis empurradas com a barriga, mesmo quando concorrentes estrangeiros nos superam. Bem, chegamos ao fim da linha", anunciou o Presidente Barack Obama em 2009, em uma conferência de imprensa, quando divulgou que o governo federal estava fazendo um empréstimo de US$77 bilhões para a GM e para a Chrysler (e concedendo acesso a uma linha de crédito para a Ford), de modo a amparar as empresas enquanto, beneficiando-se do Capítulo 11,* entravam com pedido de falência.[11] Para os americanos mais velhos, que cresceram encantados com o esplendor de Detroit, o Presidente Obama primorosamente fechou três décadas de decadência e desilusão.

O que aconteceu? Muitas coisas. Mas o problema fundamental era o seguinte: a indústria automotiva se acomodou. Como notoriamente declarou uma vez Andy Grove, um dos fundadores da Intel, "somente os paranoicos sobrevivem". O sucesso, explicou ele, é frágil – e a perfeição, transitória. No exato instante em que você começa a achar que o sucesso está garantido, aparece um concorrente e voa em sua jugular. Os executivos da indústria automotiva, no mínimo, não eram paranoicos.

Contrariando sua clientela, que queria carros menores, mais econômicos, os executivos da indústria automotiva construíram automóveis cada vez maiores. Em vez de levar a emergente concorrência com a indústria japonesa a sério, eles insistiram convictos (tanto para si mesmos quanto para os consumidores) que o que era feito nos Estados Unidos

---

* *Nota da Editora*: Uma empresa que se candidata ao Capítulo 11 (*Chapter 11*) do código de falência dos Estados Unidos indica uma tentativa de permanecer no negócio enquanto o governo supervisiona a "reorganização" das obrigações contratuais e de dívidas da organização.

Todos os seres humanos são empreendedores

automaticamente era "o melhor do mundo". Em vez de tentar aprender com os novos métodos de seus competidores de "produção enxuta", teimosamente se apegaram a suas práticas empregadas há decênios. Ao contrário de recompensar os melhores empregados da organização e despedir os piores, eles os promoviam com base na longevidade e no nepotismo. Em vez de acelerar o passo para se adequar ao mercado em constante transformação, os executivos, de bom grado, adotaram a "morte pelo comitê".* Ross Perot, uma vez, caçoou dizendo que, se um homem visse uma cobra no piso da fábrica da GM, eles formariam uma comissão para ponderar se deveriam ou não matá-la.

O sucesso fácil transformou as empresas automotivas americanas em burocracias inchadas, avessas ao risco e não meritocráticas. Frente à concorrência acirrada e à mudança das necessidades dos consumidores, os executivos da empresa e os sindicatos dos trabalhadores da indústria automotiva não se adaptaram. Em vez disso, continuaram produzindo da mesma maneira.

Detroit não se despedaçou da noite para o dia. A cidade assistiu a uma gradual deflação. Na verdade, isso era parte do problema. Como as empresas, durante anos e anos do declínio, ainda geravam renda de bilhões de dólares, ficava fácil para a gerência ser complacente e ignorar os problemas que estavam se acumulando. Ninguém testou a estabilidade da organização ou tentou identificar e apontar pontos fracos de longo prazo, o que tornou ainda mais doloroso o momento da prestação de contas. Quando foi dado o alarme de incêndio – ou seja, quando a GM perdeu US$82 *bilhões* nos três anos e meio antes do socorro financeiro federal –, já era tarde demais.

O colapso da indústria automotiva deixou a Motor City, como Detroit ficou conhecida, em maus lençóis. "A melhor coisa de se morar na cidade mais deserta da América", disse friamente Walsh, o

---

* *Nota da Tradutora*: No original, *death by committee*, refere-se a iniciativas que nunca se tornarão realidade devido aos efeitos asfixiantes do processo burocrático.

colunista local, "é que não há trânsito em momento algum". Deserta certamente é a palavra que vem à mente quando se caminha pelos arredores da principal avenida do centro de Detroit. Você pode andar quarteirões sem ver ninguém. Casas vazias se deterioram. Algumas foram vedadas por serviço especializado, e trazem um aviso de prédio condenado pregado na porta da frente; outras têm apenas lona preta grampeada nos caixilhos vazios das janelas. Muitos edifícios guardam misteriosa semelhança com casinhas de biscoito de gengibre se esfarelando. Cerca de um terço da cidade – uma área do tamanho de San Francisco – está abandonada.

Para os que ali ficaram, a vida não é fácil. Detroit é a segunda cidade mais perigosa dos Estados Unidos (depois de Flint, em Michigan). Metade das crianças vive na pobreza. Ela lidera as estimativas de desemprego no país, em torno de 15% a 50%. O sistema educacional é uma piada de mau gosto: 8 em cada 10 alunos de 8ª série são incapazes de fazer operações básicas de matemática.[12] Os políticos são ou corruptos ou ineptos. Difícil de acreditar, mas na cidade inteira não há nenhuma cadeia de supermercados que venda produtos agrícolas.

Detroit um dia foi o símbolo do progresso, do que é bom e do que é possível. A indústria automotiva um dia foi o símbolo do empreendedorismo. Agora Detroit é o símbolo do desespero.

Há Detroits por toda parte

A história de Detroit não é simples. Há outros fatores complicadores que não mencionamos em nossa breve descrição e há indícios de que a situação pode estar melhorando. E a história de Detroit nem mesmo é única. Usamos a história da indústria automotiva como exemplo não porque ela é excepcional, mas porque *não é*. Há incontáveis histórias recentes de indústrias e empresas que experimentaram declínios abruptos similares. Empresas que já foram importantes estão ruindo

Todos os seres humanos são empreendedores

com mais frequência e rapidez do que no passado. Nos anos 1920 e 1930, as empresas permaneciam no índice de ações da S&P 500 em média por 65 anos. No final dos anos 1990, a média de estabilidade era de apenas 10 anos. John Seely Brown e John Hagel, da Deloitte, contam que a *taxa de rotatividade* – a velocidade com que grandes empresas perdem suas posições de liderança – mais do que dobrou nos últimos 40 anos. Hoje, mais do que nunca, "'vencedores' têm posições cada vez mais instáveis".[13]

Por que tantos vencedores estão acabando como Detroit? Cada caso é um caso, mas as principais causas geralmente incluem a arrogância que vem com o sucesso, a incapacidade de identificar e enfrentar a concorrência, a falta de disposição para explorar oportunidades que incorrem em risco e a incapacidade de se adaptar à irrefutável mudança. As forças da concorrência e da mudança que levaram Detroit à ruína são globais e locais. Elas ameaçam toda e qualquer empresa, todos os setores e todas as cidades. E o que é pior: *também ameaçam todo e qualquer indivíduo e todas as carreiras.*

Este não é um livro sobre a história econômica de Detroit. Então por que Detroit é importante? Porque não importa em que cidade você more, não importa em que negócio ou setor trabalhe, não importa que tipo de trabalho faça – *quando se trata da sua carreira, neste exato instante, você pode estar trilhando o mesmo caminho que Detroit.* As forças de mudança que arruinaram aquela cidade e aquela indústria, que um dia foram tão incríveis, ameaçam arruinar todas as nossas carreiras – a despeito de quão seguras elas possam parecer no momento.

Felizmente, existe outro caminho – tanto metafórica quanto fisicamente, a milhares de quilômetros de distância de Detroit. O Vale do Silício veio a ser o modelo do século XXI para o empreendedorismo e o progresso, e teve várias gerações de empresas empreendedoras ao longo das décadas: da fundação da Hewlett Packard em 1939, a Intel, Apple, Adobe, Genentech, AMD, Intuit, Oracle, Electronic Arts,

17

COMECE POR VOCÊ

Pixar e Cisco, e depois Google, eBay, Yahoo, Seagate e Salesforce, e ainda mais recentemente PayPal, Facebook, YouTube, Craigslist, Twitter e LinkedIn.

Em cada uma das décadas passadas, o Vale do Silício manteve e intensificou sua magia empreendedorística, com dezenas de empresas criando o futuro e se adaptando à evolução do mercado internacional. Essas empresas oferecem não apenas um novo modelo para a inovação corporativa, mas também a disposição mental de empreendedor necessária para se obter sucesso em carreiras individuais.

O que essas empresas têm em comum? Os princípios do Vale do Silício são os princípios deste livro. Corra riscos inteligentes e ousados para fazer algo notável. Construa uma rede de relacionamentos com aliados para ajudá-lo com inteligência, recursos e ação coletiva. Pivote para uma grande oportunidade.

Você pode pensar como startup, não importa quem você seja e o que faça. Qualquer pessoa pode aplicar esse conjunto de habilidades empresariais em sua carreira. Este livro mostra como fazer exatamente isso. Ensina como não deixar que Detroit aconteça *com* você e como fazer o modelo do Vale do Silício funcionar *para* você.

O CAMINHO PARA O FUTURO

Em 1997, Reed Hastings, um empresário de software que vivia nas colinas do Vale do Silício, teve de enfrentar um problema. Ele havia alugado o filme *Apollo 13* de uma locadora; devolveu-o com dias de atraso e ganhou uma multa tão indecente que não teve coragem de contar à sua esposa o que havia acontecido. Seu instinto de empreendedor entrou em cena: e se você alugasse um filme e nunca tivesse de pagar multa por atraso? Então ele começou a pesquisar o setor e aprendeu que a nova tecnologia de DVDs era suficientemente leve e barata para ser enviada pelo correio.[14] Ele percebeu que a transição para o

Todos os seres humanos são empreendedores

comércio eletrônico, juntamente com a revolução do DVD, poderia ser uma grande oportunidade. Então, naquele ano ele deu início a um negócio que combinava e-commerce com o antiquado envio pelo correio: os consumidores selecionariam o filme por uma página na internet, receberiam um DVD pelo correio e, então, o devolveriam pelo correio quando terminassem de assistir ao filme. A ideia parecia tentadora, mas Reed trabalhara anos no setor de tecnologia e sabia que o negócio inevitavelmente cresceria. Ele não quis chamar seu negócio de DVDs-by-Mail (ou algum outro nome que fosse específico para o trabalho que desenvolvia na época) e, em vez disso, inventou um nome mais abrangente para a empresa: Netflix.

A Netflix não obteve sucesso instantâneo. No início, os consumidores pagavam um a um os DVDs que alugavam, como na Blockbuster, a brutamontes do ramo, que lida com milhares de videolocadoras por todo o mundo.[15] A empresa não decolou. Então, Reed começou a oferecer planos de assinaturas mensais que permitiam locações ilimitadas. Ainda assim, os consumidores reclamavam do tempo transcorrido entre o momento em que selecionavam um título pela internet até o recebimento pelo correio. Em 1999, ele marcou uma reunião na sede da Blockbuster, em que trataria da possibilidade de uma parceria em distribuição local e atendimento mais rápido. A Blockbuster não se convenceu. "Eles praticamente nos colocaram para fora dando risada", recorda-se Reed.[16]

Reed e sua equipe continuaram firmes. Eles aperfeiçoaram sua rede central de distribuição para que mais de 80% dos consumidores recebessem a entrega dos filmes em 24 horas.[17] Desenvolveram um recurso inovador de indicação que sugeria aos usuários filmes de que provavelmente gostariam com base nas aquisições anteriores. Até 2005, a Netflix tinha um cadastro com a magnitude de 4 milhões de assinantes, havia rechaçado a concorrência que os imitava, como a iniciativa on-line do Walmart de filmes pelo correio, e tornou-se líder entre as locadoras de filmes on-line. Em 2010, a Netflix lucrou

COMECE POR VOCÊ

mais de US$160 milhões. A Blockbuster, comparativamente, deixou de se adaptar à era da internet. Naquele mesmo ano, eles pediram falência.[18]

A Netflix não parou para descansar. Na realidade, em 2010 e em 2011, a empresa mudou o foco de seu ainda rentável negócio de DVDs pelo correio e acelerou para a próxima curva: streaming (transmissão contínua) de filmes on-line e programas de televisão para computadores, smartphones e tablets. Era algo que eles vinham querendo fazer havia anos e a adesão em massa à banda larga agora permite. A maioria de seus consumidores atualmente prefere assistir aos programas de televisão e filmes via streaming a vê-los em DVD e, no momento em que escrevo, a Netflix é responsável por mais de 30% de todo o fluxo de mídia pela internet na semana. Em breve, a transmissão contínua on-line sem dúvida poderá oferecer expressiva porção da programação originalmente da Netflix, ou adotar alguma nova tecnologia ainda não inventada. Não obstante, o sucesso que vem fazendo não se mantém indefinidamente. Sempre existirão novos desafios.

"Na maior parte do tempo, você é atropelado pelas mudanças no mundo", diz Reed. Quando um executivo de Hollywood uma vez perguntou a ele, durante uma entrevista ao vivo, se ele fazia planos estratégicos de cinco anos ou de três anos, Reed respondeu que não fazia nenhum dos dois: três anos é uma eternidade no Vale do Silício e eles não podem planejar tanto tempo à frente. A solução para Netflix é manter-se ágil e perseverante, sempre em fase de testes. Chamamos isso de disposição "beta permanente".

A disposição mental "comece por você": beta permanente

As empresas de tecnologia algumas vezes mantêm o rótulo de fase de teste beta no software por algum tempo depois do lançamento oficial para enfatizar que o produto não está pronto, mas aguardando o próximo lote de aprimoramentos. O Gmail, por exemplo, foi lançado em 2004, mas saiu oficialmente da fase beta em 2009, quando milhões de pessoas já o estavam usando. Jeff Bezos, fundador e CEO da Amazon, conclui cada carta anual para os acionistas lembrando aos leitores, como fizera em sua primeira carta anual em 1997, que "ainda é Dia 1º da internet e da Amazon.com: "Embora sejamos otimistas, devemos permanecer atentos e manter o sentimento de urgência."[19] Em outras palavras, a Amazon nunca estará concluída: é sempre Dia 1º. Para os empreendedores, *concluído* é um palavrão. Eles sabem que grandes empresas estão sempre crescendo.

Conclusão precisa tornar-se um palavrão para todos nós. *Todos somos obras em progresso.* Cada dia traz a oportunidade de aprendermos mais, sermos mais, crescermos mais na vida e na carreira. Manter sua carreira permanentemente em beta o força a reconhecer que tem defeitos, que existe algo em você para ser desenvolvido, que você vai precisar adaptar-se e crescer. Mas ainda assim, trata-se de uma disposição mental que transborda otimismo porque celebra o fato de que você tem o potencial para se aperfeiçoar e, tão importante quanto isso, para melhorar o mundo à sua volta.

Andy Hargadon, diretor do centro de empreendedorismo da University of California–Davis, diz que para muitas pessoas "20 anos de experiência" são, na prática, um ano de experiência repetido 20 vezes.[20] Se você estiver em beta permanente em sua carreira, 20 anos de experiência serão realmente 20 anos de experiência porque cada ano será marcado por novos e enriquecedores desafios e oportunidades. O beta permanente é essencialmente um compromisso para toda a vida de contínuo crescimento pessoal.

Mantenha-se ocupado vivendo ou mantenha-se ocupado morrendo. Se você não está crescendo, está se retraindo. Se você não está indo para a frente, está andando para trás.

A qualificação "comece por você"

A disposição mental beta permanente sozinha não vai transformar sua carreira. Tornar-se um empreendedor da própria vida implica ter habilidades reais. Nos capítulos seguintes, vamos apresentar como:

- Desenvolver sua **vantagem competitiva** no mercado combinando três peças de quebra-cabeças: seus **recursos**, suas **aspirações** e as **realidades do mercado**. (Capítulo 2)

- Usar o **Planejamento ABZ** para formular o Plano A, com base em suas vantagens competitivas, e então insistir e **adaptar** esse plano com base no feedback e nas lições aprendidas. (Capítulo 3)

- Construir **relacionamentos** reais e duradouros, e colocar esses relacionamentos em ação em uma poderosa **rede profissional**. (Capítulo 4)

- Encontrar e criar **oportunidades** para si mesmo, buscando *redes* de relacionamento, sendo **criativo** e permanecendo em **movimento**. (Capítulo 5)

- Avaliar criteriosamente e assumir **riscos inteligentes** à medida que busca oportunidades profissionais. (Capítulo 6)

- Buscar a **inteligência de rede** por meio das pessoas que você conhece e o insight que vai lhe permitir encontrar melhores oportunidades e tomar melhores decisões para sua carreira. (Capítulo 7)

No final de cada capítulo, incluímos artigos sobre ações específicas para você investir em si mesmo.

Essas habilidades não englobam todos os elementos relacionados ao trabalho e às carreiras. Tampouco é este livro uma análise de todas as ideias relacionadas ao empreendedorismo. No lugar disso, aqui nos valemos das estratégias empreendedorísticas que podem ajudá-lo a alcançar os dois seguintes objetivos.

Primeiro, mostraremos como sobreviver nestes tempos de mudança e incerteza para evitar o infortúnio de Detroit. Mostraremos como conquistar estabilidade saudável em sua carreira por meio da *adaptação*. A capacidade de se adaptar cria a estabilidade.

Segundo, nossa meta é equipá-lo com estratégias que o ajudem a deixar a concorrência para trás e deslanchar como profissional competitivo em nível global. Queira você subir na empresa, começar seu próprio pequeno negócio ou fazer a transição para um setor completamente novo – sejam quais forem suas ambições para uma carreira bem-sucedida, nós lhe mostraremos como alcançá-las pensando e agindo como empreendedor. Estas estratégias empreendedorísticas de carreira não são nenhuma pílula mágica. Mas vão ajudá-lo a subir aquela escada rolante superlotada, e não apenas sobreviver, mas prosperar neste atual mundo fragmentado do trabalho.

Sigamos em frente. Você tem uma startup para administrar.

2
Desenvolva vantagem competitiva

Um outdoor fixado em um ponto da Highway 101, na Bay Area, em 2009, anunciava sem meias palavras: "1 milhão de pessoas em outros países podem fazer seu trabalho. O que o torna especial?"[1] Embora 1 milhão possa ser exagero, o que não é exagero é que muitas outras pessoas *podem ter* e *querem* seu sonhado emprego. Existe concorrência para tudo o que é desejável: um bilhete para um jogo de campeonato, a mão de um homem ou uma mulher atraente, a admissão em uma boa faculdade e toda boa oportunidade profissional.

Ser melhor do que a concorrência é fundamental para a sobrevivência de um empreendedor. Em todos os ramos de atividade, várias empresas disputam entre si cada dólar do consumidor. O mundo é agitado e tumultuado; os consumidores não têm tempo para distinguir pequenas diferenças. Se o produto de uma empresa não é visivelmente diferente do produto do concorrente – como a CEO Nancy Lublin, da Do Something, diz, a menos que seja o primeiro, o único, o mais rápido, o melhor ou o mais barato – não vai chamar a atenção de ninguém. Bons empreendedores desenvolvem e promovem produtos diferentes dos da concorrência. Eles conseguem completar a frase "Nossos consumidores compram de nós, e não da concorrência, porque..."

COMECE POR VOCÊ

A Zappos.com, loja varejista on-line fundada em 1999, tem uma clara resposta para essa pergunta: um fantástico atendimento ao consumidor. Enquanto outras lojas de sapatos on-line, como a shoebuy e a onlineshoes.com, ofereciam 30 dias de garantia para a devolução, a Zappos ficou conhecida por ser a primeira a oferecer uma política de devolução de 365 dias para tudo o que vendia. Enquanto varejistas como a L. L. Bean e J. Crew esperavam que os consumidores arcassem com os custos do frete cada vez que devolviam algum produto adquirido pela internet, a Zappos oferecia frete gratuito, sem fazer perguntas. E mesmo quando gigantes, como The Gap, copiavam a oferta de devolução grátis em sua loja de sapatos on-line, escondiam o número do telefone do atendimento ao consumidor com letrinhas miúdas no final da página. O número 1-800 da Zappos, ao contrário, está estampado "com orgulho", conforme as palavras do CEO Tony Hsieh's, em toda e qualquer página do site da loja. Ademais, empregados locais que trabalham na sede da empresa em Nevada atendem todas as ligações. Eles não seguem roteiros e não há limite nessas chamadas – algo de que praticamente não se ouve falar em uma época em que predominam as quotas e as centrais terceirizadas de atendimento ao consumidor. A Zappos se diferenciou brutalmente dos concorrentes construindo uma cultura centrada no consumidor – em todos os aspectos imagináveis. Por isso conquistou a confiança de milhares de fiéis compradores on-line (e também por isso foi adquirida pela Amazon por quase US$1 bilhão).

Sim, você é diferente de uma loja de sapatos on-line. Mas você está vendendo sua capacidade mental, suas habilidades e sua energia. E está fazendo isso frente a uma considerável concorrência. Os possíveis empregadores, parceiros e investidores e outras pessoas que têm poder escolhem entre você e alguém que se parece com você. Quando surge uma boa oportunidade, muitas pessoas com a mesma formação e títulos de funções parecidas com a sua serão considerados. Ao correr os olhos pelas solicitações para quase todo tipo de trabalho, os empregadores e gerentes encarregados das contratações logo se veem derrotados pela mesmice.[2] São todos iguais.

Se você quiser traçar um caminho que o diferencie dos outros profissionais no mercado de trabalho, o primeiro passo é conseguir completar a frase "Uma empresa prefere me contratar a contratar outros profissionais porque...". De que maneira você é o primeiro, o único, o mais rápido, o melhor ou o mais barato em relação às outras pessoas que querem fazer o que você está fazendo no mundo? O que você tem que é difícil de encontrar? O que você tem de raro e valioso ao mesmo tempo?

Você não tem de ser melhor, mais rápido nem mais barato que *todo mundo*. As empresas, afinal, não concorrem com produtos de todas as categorias ou oferecem todo o tipo concebível de serviço. A Zappos se concentra em sapatos e roupas convencionais. Se ela tentasse oferecer atendimento ao consumidor de excelência em um segmento de produtos de alto luxo, não conseguiria ser a loja de sapatos de qualidade entregues com atendimento de primeira, porque acabaria prejudicando seu foco e minando sua diferenciação. Na vida, existem muitas medalhas de ouro. Se você tentar ser o melhor em tudo e melhor do que todo mundo (ou seja, se acredita que sucesso significa chegar ao topo do ranking internacional), não será o melhor em nada nem melhor do que ninguém. Em vez disso, concorra em competições locais – locais não apenas no sentido geográfico, mas também no sentido do âmbito do setor e da qualificação. Melhor dizendo, não tente ser o maior executivo de marketing do mundo; tente ser o maior executivo de marketing de empresas de porte pequeno a médio que concorram no segmento de assistência médica. Não tente ser apenas o profissional operacional de hospitalidade mais bem remunerado do mundo; tente ser um profissional de hospitalidade de primeira seguindo seus valores para que consiga manter o trabalho por bastante tempo.

Explicamos neste capítulo como determinar o nicho local em que *você* pode desenvolver vantagem competitiva. A vantagem competitiva serve de base para toda a estratégia da carreira. Ela ajuda a responder à pergunta clássica "O que eu deveria fazer da minha vida?". Ela o ajuda a decidir quais oportunidades buscar. Ela o guia apontando de que maneira deveria deveria investir em si mesmo. Como todas essas questões estão sujeitas a mudanças, o ato de identificar e avaliar sua vantagem competitiva consiste num processo para toda a vida, não algo para ser feito uma só vez. E, para isso, é preciso compreender três peças dinâmicas do quebra-cabeça que se unem de diferentes modos em momentos diferentes.

TRÊS PEÇAS DE QUEBRA-CABEÇAS INDICAM SEU DESTINO E SUA VANTAGEM COMPETITIVA

Sua vantagem competitiva é formada pela interação de três forças mutáveis: seus recursos, suas aspirações/valores e as realidades de mercado, por exemplo, a oferta e a demanda daquilo que você oferece ao mercado de trabalho com base na concorrência. O melhor destino faz você buscar aspirações dignas e usar seus recursos, enquanto navega pela realidade de mercado. Não esperamos que você já tenha uma compreensão clara de cada um desses elementos. Como mostraremos no próximo capítulo, a *prática* é o melhor meio de aprender sobre eles. Mas gostaríamos de apresentar os conceitos para que você possa começar a entender como funcionam e como indicam as decisões de carreira de que falaremos no restante do livro.

Seus recursos

Os recursos são os que você tem no momento. Antes de sonhar com o futuro ou fazer planos, é preciso reunir o que já tem de bom – como os empreendedores fazem. A ideia de negócio mais brilhante é geralmente a que se desenvolve a partir dos recursos que os fundadores têm da maneira mais inteligente. Não é à toa que Larry Page e Sergey Brin criaram o Google e Donald Trump abriu uma imobiliária. Page e Brin estavam fazendo um doutorado em ciência da computação. O pai de Trump era um próspero construtor de imóveis, e havia trabalhado como aprendiz na empresa do pai por cinco anos. As metas de seus negócios surgiram de seus pontos fortes, interesses e contatos de sua rede de relacionamentos.

Há dois tipos de recursos de carreira que você não pode perder de vista: os subjetivos e os materiais. Recursos subjetivos são artigos que você não pode trocar diretamente por dinheiro. Eles são as contribuições não tangíveis para o sucesso da carreira: o conhecimento e a informação em seu cérebro; os contatos profissionais e a confiança que conquistou junto a eles; habilidades que adquiriu; sua reputação e imagem pessoal; seus pontos fortes (aquilo em que você tem facilidade).

Recursos materiais são os que você tipicamente incluiria na lista de um balancete: o dinheiro na sua carteira; as ações que possui; artigos palpáveis, como escrivaninha e laptop. Esses são importantes porque, quando você tem um colchão financeiro, pode fazer mais agressivamente movimentos que envolvem risco de perdas financeiras. Por exemplo, você poderia tirar seis meses de folga para aprender a linguagem de programação Ruby sem receber um salário – ou seja, adquirir uma nova habilidade. Ou então poderia trocar seu emprego por uma oportunidade de trabalho mais interessante, mas não tão bem remunerada. Durante a transição da carreira, alguém que possa ficar de 6 a 12 meses sem uma receita tem alternativas bem diferentes – de fato, uma vantagem significativa –, em comparação com as de alguém que não pode ficar mais de um mês ou dois sem receber o salário.

Recursos subjetivos são mais difíceis de contabilizar do que dinheiro no banco, mas, supondo que suas necessidades econômicas básicas estejam garantidas, os recursos subjetivos são, em última análise,

COMECE POR VOCÊ

mais importantes. Dar conta de um projeto profissional no trabalho tem pouca relação com quanto dinheiro você guardou na poupança; o que importa são as habilidades, os contatos, as experiências. Como os recursos subjetivos podem ser abstratos, as pessoas tendem a subestimá-los quando refletem sobre suas estratégias de carreira. As pessoas dizem frases de efeito eloquentes, porém vagas, como "Tenho dois anos de experiência adquirida trabalhando em uma empresa de marketing...", em vez de descrever, clara e explicitamente, o que eles são capazes de fazer *por causa* daqueles dois anos de experiência. Um dos melhores meios de se lembrar de quão afortunado você é em riquezas não tangíveis – quero dizer, o valor de seus recursos subjetivos – é ir a um evento da rede de relacionamentos e perguntar às pessoas sobre seus problemas ou necessidades profissionais. Você ficará surpreso com quantas vezes será capaz de ajudar com uma boa ideia, se lembrará de um contato interessante ou pensará consigo mesmo "Eu resolveria isso sem a menor dificuldade". Muitas vezes, somente quando você depara com desafios que *outras* pessoas consideram difíceis e que para *você* são fáceis, é que se dá conta de que possui um valioso recurso subjetivo.[3]

No entanto, recursos isolados geralmente não têm grande valor. Uma vantagem sobre a concorrência surge quando você combina diferentes habilidades, experiências e contatos. Por exemplo, Joi Ito, amigo e diretor do MIT Media Lab, nasceu no Japão, mas foi criado em Michigan. Aos vinte e poucos anos, ele voltou a morar no Japão e criou um dos primeiros provedores comerciais de serviço de internet do país. Joi também continuou fazendo contatos nos Estados Unidos, investindo em startups no Vale do Silício, como a Flickr e o Twitter, estabelecendo a subsidiária japonesa para a antiga empresa americana de blog Six Apart e, mais recentemente, ajudando a estabelecer o LinkedIn no Japão. Ele é o único que tem experiência em startup e ao mesmo tempo atua como angel investor no Vale do Silício? Não. Ele é a única pessoa com raízes tanto nos Estados Unidos quanto no

Japão? Não. Mas a combinação desses recursos, ser bilíngue, transpacífico e tecnoindustrial, dá a ele vantagem competitiva sobre outros investidores e empreendedores.

A combinação de seus recursos não é fixa. Você pode fortalecê-la investindo em si mesmo – este livro é justamente a esse respeito. Portanto, se você acha que carece de certos recursos que o tornariam mais competitivo, não use isso como desculpa. Comece a desenvolvê-los. Nesse ínterim, saiba como pode transformar uma fraqueza em força. Por exemplo, você pode não enxergar a inexperiência como um recurso a ser ressaltado, mas o contraponto da inexperiência costuma ser a energia, o entusiasmo e a disposição para trabalhar e ir à luta para aprender.

Suas aspirações e seus valores

As aspirações e os valores são a segunda consideração. As aspirações incluem seus mais profundos desejos, ideias, objetivos e visão do futuro, independentemente do estado do mundo externo ou de sua atual combinação de recursos. Essa peça do quebra-cabeça inclui seus valores primordiais, o que é importante para sua vida, seja conhecimento, autonomia, dinheiro, integridade, poder, entre outros. Você pode não ser capaz de concretizar todas as suas aspirações ou construir uma vida que incorpore todos os seus valores. E eles certamente vão mudar com o tempo. Mas você deveria ao menos tomar uma estrela-guia como forma de orientação, mesmo que ela mude.

Jack Dorsey é um dos fundadores e diretor executivo do Twitter, além de um dos fundadores e CEO da Square, uma startup de pagamentos com cartão de crédito via celular. Ele é conhecido no Vale do Silício como um visionário de produtos que valoriza o design e que se inspira em temas tão variados quanto Steve Jobs e a ponte Golden Gate. Suas duas empresas cresceram absurdamente (e estão avaliadas em vários bilhões de dólares), embora mantenham os valores e as prioridades de Jack intactos. O Twitter é ainda minimalista e sem excessos; o sistema Square é ainda refinado. Sua aspiração de transformar coisas complexas em coisas simples e sua valorização do design são, em parte, o motivo para suas empresas terem tanto sucesso: elas esclarecem as prioridades do produto, asseguram uma consistente experiência do consumidor e facilitam a contratação de empregados que são atraídos por ideias parecidas. Para uma startup, uma visão convincente que age como estrela-guia é uma peça importante da vantagem competitiva de uma empresa. A clareza de propósito do Google de "organizar a informação mundial", por exemplo, atraiu algumas das mentes mais brilhantes da engenharia, mas, ao mesmo tempo, é ampla o bastante para permitir a adaptação e a reinvenção.

Tanto as aspirações quanto os valores são importantes peças da vantagem competitiva de sua carreira apenas porque, quando você está trabalhando em algo de que gosta, consegue trabalhar mais e melhor. A pessoa que tem paixão por aquilo que faz trabalha mais e por mais tempo do que o sujeito motivado exclusivamente por dinheiro. Pode ser fácil esquecer-se disso quando se administra uma startup. Ao se esforçar para, a todo custo, melhorar quem você é *hoje*, talvez perca de de vista quem você *aspira* ser no futuro. Por exemplo, se no momento você está trabalhando como analista na Morgan Stanley, o modo mais perspicaz de dar uma alavancada em seus recursos atuais pode ser tentar conseguir uma promoção dentro da empresa. Se o setor bancário está em recessão, o jeito mais inteligente de responder à realidade do mercado pode ser desenvolver habilidades em um setor diferente, mas correlato, como o da contabilidade. Mas essas mudanças refletiriam o que você realmente deseja?

Dito isso, e contrariamente ao que muitos autores recordistas de vendas e gurus motivacionais fariam você acreditar, não há um "verdadeiro eu" lá no fundo que você possa descobrir por meio de introspecção e que vá apontar a direção certa.[4] Sim, suas aspirações moldam o que você faz. Mas suas aspirações são, por sua vez, moldadas por suas ações e experiências. Você se recria à medida que cresce e à medida que o mundo muda. Sua identidade não é encontrada. Ela *vem à superfície.*

Aceite a incerteza, especialmente no início. Ben, por exemplo, sabe que valoriza o estímulo intelectual e deseja tentar transformar a vida de pessoas reais por meio do empreendedorismo e da escrita – embora, de que maneira especificamente, ele ainda esteja tentando descobrir. O empreendedor e escritor Chris Yeh diz que a missão de sua carreira é "ajudar pessoas interessantes a fazerem coisas interessantes". A frase pode soar inconsistente, mas tem um sentido prático: *interessante* reforça o tipo de estímulo que ele está procurando, e *fazer* significa "fazer" e não "pensar sobre". Mais tarde em sua carreira, você pode ter aspirações mais ponderadas e definidas. Essas frases não são diferentes da declaração da missão de uma startup. Minha estrela-guia é conceber e construir ecossistemas humanos usando empreendedorismo, tecnologia e finanças.

Construo redes de pessoas com o empreendedorismo, as finanças e a tecnologia como facilitadores. Quaisquer que sejam seus valores e aspirações, saiba que evoluirão com o tempo.

As realidades de mercado

As realidades do mundo em que você vive são a última peça do quebra-cabeça. Empreendedores inteligentes sabem que um produto não vai vender se os consumidores não o quiserem ou não precisarem dele, não importa quão atraentes sejam seu formato e sua utilidade (lembre-se do Segway). O mesmo ocorre com suas habilidades, experiências e outros recursos subjetivos – não importa quão especiais você pense que eles são, eles não lhe trarão vantagem alguma, a menos que venham ao encontro das necessidades do mercado consumidor.

COMECE POR VOCÊ

Se Joi fosse bilíngue, mas falasse um dialeto africano desconhecido, em vez da língua da terceira maior economia do mundo (Japão), nada contribuiria para estabelecer uma vantagem convincente no trabalho com empresas de tecnologia. E não se esqueça de que o "mercado" não é uma ideia abstrata; ele consiste de pessoas que tomam decisões que o afetam e a cujas necessidades você deve atender: seu chefe, seus colegas de trabalho, seus clientes, seus subordinados diretos e outros mais. Quanto eles realmente precisam do que você tem a oferecer? E, se é que precisam, seu preço é melhor que o da concorrência?

Muitos dizem que os empreendedores são sonhadores. Verdade. Mas bons empreendedores também têm os dois pés no chão com relação ao que está disponível e é possível no momento. Empreendedores gastam grandes quantidades de energia exatamente tentando descobrir o que os consumidores querem comprar. Porque, no final das contas, o sucesso de todos os negócios depende de consumidores dispostos a assinar na linha pontilhada. Por sua vez, o sucesso de todos os profissionais – de uma startup do tipo "Comece por você" – depende de empregadores e de clientes e parceiros escolhendo comprar seu tempo.

Em 1985, quando Howard Schultz (atual CEO da Starbucks) estava se preparando para lançar cafeterias nos Estados Unidos nos moldes das que já existem na Itália, ele e seus sócios não inauguraram os estabelecimentos por impulso. Eles primeiro fizeram tudo o que estava ao seu alcance para compreender a dinâmica do mercado em que estavam entrando. Visitaram 500 cafés em Milão e em Verona para aprender o máximo que podiam. Como os italianos conceberam seus cafés? Quais são os costumes locais de consumo de café? Como os atendentes servem o café? Como eram os menus? Eles tomaram nota de suas observações. Gravaram o movimento das lojas em vídeo.[5] E esse tipo de pesquisa de mercado também não é algo que os empreendedores fazem apenas uma vez antes do lançamento da startup. David Neeleman fundou sua própria companhia aérea, a JetBlue Airways, e trabalhou nela como CEO nos primeiros sete anos. Durante esse período, ele fez pelo menos um voo por semana pela empresa, trabalhou a bordo e relatou em um blog sua experiência: "Cada semana eu fazia um voo da JetBlue e conversava com os passageiros para descobrir como poderíamos melhorar nossa empresa",[6] escreveu ele.

Schultz e Neeleman tiveram uma incrível visão quando fundaram suas startups. Ainda assim, desde o primeiro dia, eles se concentraram nas necessidades de seus consumidores e acionistas. Isso porque, apesar de toda a sua inteligência e visão, eles acreditavam no que o amigo e venture capitalist Marc Andreessen sempre dizia: os mercados que não existem não querem saber se você é inteligente. Do mesmo modo, não importa quão arduamente tenha trabalhado ou o quanto esteja entusiasmado com o que tem em mente: se ninguém quiser pagar por seus serviços no mercado, você terá uma longa e dura jornada pela frente. E não vai receber nada em troca.

O estudo das realidades de mercado não é necessariamente uma prática limitante, negativa. Os setores, os lugares, as pessoas e as empresas sempre têm seu *momentum*. Coloque-se em posição de surfar nestas ondas. A economia chinesa, o político Cory Booker, produtos para consumidores amigos do ambiente: cada um deles é uma grande onda. Ficar preparado para pegar a onda – fazendo as realidades de mercado trabalharem por você, e não contra você – é a chave para conseguir a grande oportunidade de sucesso profissional.

ENCAIXE AS PEÇAS

Um bom plano de carreira resulta da interação dessas três peças – seus recursos, suas aspirações e as realidades de mercado. As peças precisam se encaixar. Desenvolver uma habilidade essencial, por exemplo, não lhe dá automaticamente vantagem competitiva. Só porque você é bom em alguma coisa (recursos) pela qual tem paixão (aspiração), isso

COMECE POR VOCÊ

não significa necessariamente que alguém pagará para que você faça aquilo (realidades de mercado). Afinal, e se outra pessoa puder fazer a mesma coisa com mais competência ou por menos dinheiro? Ou então se não houver demanda alguma para aquela habilidade? Não seria vantagem competitiva alguma. Seguir sua paixão também não leva sua carreira automaticamente a prosperar. E se você tiver paixão, mas for pouco competente em comparação com os outros? Por fim, ser um escravo das realidades de mercado não é sustentável. Uma carência de enfermeiras nos hospitais – o que indica que existe demanda para enfermeiras credenciadas – não significa que *você* deva entrar para o ramo da enfermagem. Não importa qual seja a demanda, você não será muito competitivo a menos que suas próprias paixões e forças estejam presentes.

Então avalie cada peça do quebra-cabeça no contexto das outras. E faça isso regularmente: as peças do quebra-cabeça mudam de forma e tamanho ao longo do tempo. A maneira como elas se encaixam muda com o tempo. Para se construir uma vantagem competitiva no mercado de trabalho, é preciso combinar as três peças em todas as circunstâncias da carreira.

Por um longo período, a administração não era um dos meus recursos, aspirações ou a realidade que eu percebia à minha volta. Frequentei a moderna Putney School, em Vermont, durante o colégio, onde eu produzia xarope de ácer, conduzia gado e conversava sobre temas práticos, como epistemologia (a natureza do conhecimento), com meus professores. Na faculdade, estudei Ciência Cognitiva, Filosofia e Política. Eu estava certo de que queria tentar mudar o mundo para melhor. Inicialmente, meu plano era ser acadêmico e um intelectual público. Na época, ficava entediado facilmente (e ainda fico), o que me tirava a concentração e me tornava não muito bom em fazer trens correrem no horário. O meio acadêmico me parecia um ambiente que me manteria perpetuamente estimulado, já que eu pensaria e escreveria sobre o valor da compaixão, do autodesenvolvimento

Desenvolva vantagem competitiva

e sobre a busca pela sabedoria. Eu tinha esperança de inspirar outras pessoas a colocar essas ideias em prática para compor uma sociedade mais nobre.

Mas a faculdade, embora estimulante, acabou se mostrando focada em uma cultura e um sistema de incentivos que promovia a hipe-respecialização; descobri que os acadêmicos acabam escrevendo para uma elite erudita em geral de umas 50 pessoas. No fim, não havia muito apoio para os acadêmicos que quisessem tentar difundir ideias para as massas. Então minha aspiração de causar grande impacto em potencialmente milhões de pessoas ia de encontro à realidade do meio acadêmico.

Fiz uma adaptação e redirecionei minha carreira. Meu novo objetivo era tentar promover os trabalhos de uma sociedade de bem via empreendedorismo e tecnologia, cujos detalhes discutiremos no próximo capítulo. Quando fiz a adaptação e logo que pensei em entrar no setor, informalmente pedi informações a amigos da faculdade que trabalhavam em empresas como a NeXT. Liguei para eles para descobrir quais habilidades eu teria de desenvolver (por exemplo, redigir documentos para a solicitação de produtos) e quais contatos eu teria de fazer (por exemplo, relacionamentos de trabalho com engenheiros). No meu primeiro emprego com tecnologia na Apple, uma das coisas que tive de aprender foi usar o Adobe Photoshop para criar mock-ups de produtos. Trancar-me em um quarto por um fim de semana para me tornar mestre em Photoshop não era uma tarefa que eu considerasse importante na época que estudava Filosofia. No entanto, ser capaz de usar o Photoshop era necessário para dar sequência a uma carreira em desenvolvimento de produto e, portanto, aprendi para avançar no setor. Compensações são inevitáveis quando se equilibram considerações diferentes, tais como as realidades do mercado de empregos e seus próprios interesses naturais.

Mesmo tendo feito carreira na área de tecnologia, não abri mão de minhas aspirações originais. A bem da verdade, a questão de identidade pessoal e incentivo da comunidade que pesquisei no meio acadêmico foi importante para minha atual paixão empreendedora pela Web social, pelas redes de relacionamentos on-line e pelos mercados de trabalho. Meu antigo interesse nesses temas me ajudou a desenvolver habilidades próprias do setor e a diferenciação na criação de grandes plataformas de internet.

Recentemente, dei um novo passo na carreira e me aventurei a fazer investimentos de risco na Greylock. Mais uma vez, reuni meus recursos e segui em busca de minhas aspirações no âmbito local em que eu me encontrava. Minha considerável experiência prática me distingue dos outros venture capitalists com formação em finanças ou com formação prática limitada. Isso me dá significativa vantagem no modo como posso fazer parcerias com empreendedores e auxiliá-los a obter sucesso. E, já que posso trabalhar com empreendedores cujas empresas constroem e definem imensos ecossistemas humanos, posso ajudá-los a melhorar a sociedade em larga escala, o que vai ao encontro de minhas aspirações como intelectual público. As três peças se encaixam.

TODAS AS VANTAGENS SÃO LOCAIS: ESCOLHA UM MONTE MENOS CONCORRIDO

A maneira mais óbvia de aprimorar a própria vantagem competitiva é fortalecer e diversificar seu conjunto de recursos – por exemplo, aprendendo novas habilidades. Isso é, com certeza, inteligente. Mas, igualmente eficaz é colocar-se em um nicho de mercado em que seus recursos já existentes brilhem mais do que os da concorrência. Por exemplo, os melhores jogadores americanos de basquete universitário, que não são bons o bastante para jogar profissionalmente, costumam jogar em ligas europeias. Em vez de mudar suas habilidades, eles mudam seu âmbito de atuação. Eles sabem que têm

Desenvolva vantagem competitiva

uma vantagem competitiva em um mercado com uma concorrência de menor qualidade.

Especialmente no mundo das startups, a concorrência – ou a ausência dela – faz uma grande diferença. O LinkedIn, desde o início, trilhou um caminho diferente de seus concorrentes. Em 2003, quando o LinkedIn começou, quase todos os seus concorrentes estavam focados em empresas. As redes de empresas associavam o perfil e a identidade de uma pessoa a uma empresa e a um empregador específicos. O LinkedIn, ao contrário, colocava o profissional como indivíduo no centro do sistema. A convicção fundamental do LinkedIn era que todos os indivíduos deveriam estar de posse de suas identidades e administrá-las. Eles deveriam ser capazes de se conectar com pessoas de outras empresas para trabalhar com mais eficiência nas funções que ora exerciam, e encontrar boas oportunidades quando mudassem de emprego. O LinkedIn tinha a filosofia certa. As grandes redes de relacionamento social, como Friendster, MySpace e, agora, Facebook, têm imensa popularidade, mas nenhuma realmente preenche a necessidade dos profissionais. O LinkeIn continua a investir em opções que sejam do interesse dos profissionais e deixa de lado outras funções, como o compartilhamento de fotos e os jogos que não contribuem para sua vantagem competitiva. O LinkeIn concorre nos casos em que é possível ganhar a medalha de ouro; e lidera o espaço que delimitou.

Você pode desencavar um nicho profissional parecido em seu mercado de trabalho fazendo escolhas que o tornem diferente das pessoas inteligentes à sua volta. Matt Cohler, agora sócio da Benchmark Capital, passou seis anos, de seus vinte e tantos até seus trinta e poucos, sendo um tenente para CEOs do LinkeIn (eu) e do Facebook (Mark Zuckerberg). A maior parte dos grandes talentos quer ser líder, mas poucos desempenham bem o papel de coadjuvantes. Em outras palavras, há menor concorrência e consideráveis oportunidades para se tornar um braço direito de primeira linha. Matt se superou em seu

COMECE POR VOCÊ

papel e colecionou uma série de realizações e contatos ao longo do caminho. Essa diferenciação profissional no mercado o ajudou a alcançar uma meta há tempos almejada: a de se tornar sócio de uma empresa de venture capital de primeira linha.

. . .

Para que seja possível fazer uso das três peças do quebra-cabeça, é preciso que elas façam parte de um bom plano. No capítulo seguinte, vamos investigar as questões de planejamento, adaptação e *ação*.

Desenvolva vantagem competitiva

INVISTA EM SI MESMO

No dia seguinte:

• Atualize seu perfil no LinkedIn para que o resumo explicite suas vantagens competitivas. Você deve ser capaz de completar a seguinte frase: "Em razão de [minha habilidade/minha experiência; meu ponto forte], posso realizar [tipo de trabalho profissional] melhor do que [tipos específicos de outros profissionais em meu setor].".

• De que maneira *outros* profissionais com quem você trabalha completam a frase acima (por exemplo, descrevem sua vantagem competitiva)? Se ficar alguma lacuna, significa que ou você tem um problema de autoestima ou um problema de marketing.

Na próxima semana:

• Identifique três pessoas que estejam se empenhando para realizar aspirações parecidas com as suas. Tome-as como referência. Quais são os diferenciais *delas*? Como chegaram onde estão? Salve seus perfis do LinkedIn, inscreva-se em seus blogs e tweets. Acompanhe sua evolução profissional, inspire-se em suas trajetórias e em seus insights.

• Entre no LinkedIn ou no Twitter, procure seu empregador e outras empresas em que você esteja interessado, e "siga" cada um deles. Isso facilitará acompanhar o surgimento de novos riscos e oportunidades.

• Faça uma lista com alguns de seus principais recursos no contexto de uma realidade de mercado. ERRADO: eu me sobressaio ao falar em público. CERTO: eu me sobressaio ao falar em público sobre temas de engenharia, em comparação com o modo como a maioria dos engenheiros fala em público.

COMECE POR VOCÊ

No próximo mês:

• Verifique sua agenda, seus diários e e-mails antigos e faça um apanhado do que fez em seus seis últimos sábados. O que você faz quando não tem nada urgente para fazer? A forma como passa seu tempo livre pode revelar seus verdadeiros interesses e aspirações; compare-os com o que você diz serem suas aspirações.

• Pense em como está atualmente agregando valor no trabalho. Se você parasse de repente de ir ao escritório, o que deixaria de ser feito? Como é um dia na vida de sua empresa quando você não está lá? Isso pode indicar o modo como você está agregando valor. Pense nas coisas pelas quais as pessoas frequentemente o cumprimentam – estes podem ser seus pontos fortes.

• Elabore um plano de investimento de recurso subjetivo que enfatize o aprendizado sobre mercados emergentes e oportunidades emergentes. Talvez seja preciso fazer uma visita à China, participar de uma conferência sobre tecnologia limpa ou se inscrever em um curso de programação de software. Envie seu plano por e-mail para três conexões confiáveis e peça a elas que cobrem seu comprometimento. Se necessário, economize dinheiro para cobrir esses gastos.

Inteligência de rede

Encontre-se com três conexões confiáveis e pergunte a elas quais acreditam ser seus pontos mais fortes. Se tivessem de lhe pedir ajuda ou conselho em um assunto, qual seria?

3

Planeje adaptar-se

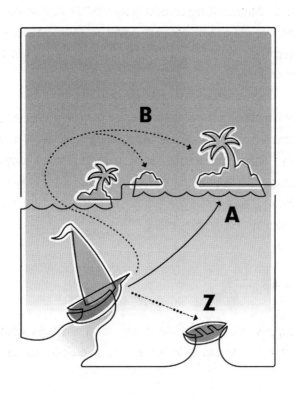

3

Planeje adaptar-se

O livro sobre carreiras mais vendido de todos os tempos tem o nome insólito: *Qual a cor do seu paraquedas?: como conseguir um emprego e descobrir a profissão dos seus sonhos* (Rio de Janeiro: Salamandra, 1998). Mas quando se trata de elaborar um plano de carreira, essa é a pergunta errada. O que você deveria estar perguntando a si mesmo é se seu paraquedas pode mantê-lo no ar em condições instáveis. A triste verdade é que, no cenário de carreira atual, seu paraquedas – não importa de que cor seja – pode rasgar e ficar em pedacinhos. E, se já não está assim, pode ficar desse jeito a qualquer momento.

No primeiro capítulo de seu livro, Richard Bolles, autor de *Paraquedas*, escreve: "Antes de você começar a procurar um emprego, é importante decidir exatamente o que está buscando – se é sua paixão ou seu propósito na vida, ou sua missão... *Paixão primeiro, correr atrás de trabalho depois.*"[1] Há quatro décadas vem sendo impresso e esse preceito ainda é tido como sábio. Conselhos assim estão por toda parte. O hábito número dois do livro *Os 7 hábitos das pessoas muito eficazes* (São Paulo: Best Seller: Círculo do Livro, 1999), de Stephen Covey, é "Comece com o fim em mente": onde é preciso criar uma afirmação de missão pessoal que enfoque suas metas. Em *Uma vida com propósitos: você não está aqui por acaso* (São Paulo: Vida, 2003),

COMECE POR VOCÊ

Rick Warren avança na ideia de que cada um de nós recebeu de Deus um propósito para estar neste planeta.

A mensagem principal desses livros (dos quais há mais de 50 milhões de cópias em circulação) e de inúmeros outros é ouvir seu coração e seguir sua paixão. Encontre seu verdadeiro norte preenchendo páginas de exercícios ou por meio da introspecção, refletindo profundamente. Uma vez que você tenha uma missão em mente, insistem esses livros, deve desenvolver um plano de longo prazo para realizá-la. Deverá estabelecer metas detalhadas e específicas. Você é encorajado a descobrir quem é e onde quer estar daqui a 10 anos e, então, fazer o caminho inverso para elaborar um mapa que o guiará até lá.

Essa filosofia tem alguns grandes pontos fortes. É importante ter aspirações dignas. Se você tem paixão por algo, vai se divertir, continuar empenhado e chegar mais longe. Também é correto investir em longo prazo: para descobrir se você é bom em algo e se gosta daquilo, precisa insistir naquilo por um tempo razoavelmente grande.

Mas embora esses pontos fortes possam ter tornado aquela a filosofia correta para as décadas passadas, hoje há *enormes* problemas com essa abordagem de planejamento de carreira. Primeiro, ela presume que o mundo é estático e, como vimos no Capítulo 1, o cenário de carreiras não é o que costumava ser. Decidir onde se quer estar daqui a 10 anos e depois formular um plano para chegar lá poderia funcionar se nossos ambientes fossem invariáveis. Funcionaria se chegar do ponto A ao ponto B em sua carreira fosse como cruzar um lago em um barco em um dia ensolarado. Mas você não está em um lago tranquilo; está em um oceano caótico. O planejamento de carreira convencional pode funcionar em condições de relativa estabilidade, mas, em tempos de incerteza e rápida mudança, é extremamente limitante, ou mesmo perigoso. Você vai mudar. O mundo ao seu redor vai mudar. Seus aliados e concorrentes vão mudar.

Segundo, essa filosofia prevê que o autoconhecimento permanente e preciso pode facilmente ser conquistado. Na verdade, nobres

Planeje adaptar-se

questionamentos sobre identidade e proposta moral, além de outros aparentemente simples, como "Pelo que tenho paixão?", levam tempo e esforço, e as respostas muitas vezes mudam. É insensato, não importa o momento de sua vida, tentar especificar um único sonho em torno do qual sua existência deve girar.

Terceiro, como vimos no capítulo anterior, só porque tem uma verdadeira vocação não significa que alguém vá pagar para você segui-la. Se você não consegue encontrar alguém que queira empregá-lo de forma que lhe seja possível ir atrás de seu emprego dos sonhos, ou se não consegue se sustentar financeiramente – ou seja, receber o bastante para manter o estilo de vida que escolheu –, então tentar transformar seu sonho em sua carreira realmente não o levará muito longe.

Então, o que fazer? Você deve seguir um plano ou permanecer flexível? Deve ouvir o chamado de seu coração ou ouvir o mercado? A resposta é *ambos*. Elas são escolhas falsas – as mesmas falsas escolhas com as quais os empreendedores frequentemente têm de lidar. Os empreendedores costumam ouvir que realmente precisam ser persistentes se quiserem realizar sua visão, mas também devem estar atentos para mudar seus negócios com base no feedback do mercado. São aconselhados a investir em negócios pelos quais nutrem uma paixão, mas também a se adaptar às necessidades do consumidor.

Os bem-sucedidos fazem ambas as coisas. Eles são flexivelmente persistentes: abrem empresas respeitando seus valores e de acordo com sua visão, e ainda assim, permanecem flexíveis o bastante para se adaptarem. Eles são obcecados com o feedback do consumidor, mas também sabem quando não ouvir seus consumidores. Eles elaboram planos simples com a intenção de desenvolver uma real vantagem competitiva no mercado de trabalho, mas também são suficientemente ágeis para se desviar desses planos quando apropriado.

E eles estão sempre caminhando para desenvolver vantagem competitiva no mercado de trabalho. Para administrar uma startup no

COMECE POR VOCÊ

mundo de hoje, você pode – e deve – fazer a mesma coisa ao planejar sua carreira. Este capítulo lhe mostrará como.

STARTUPS ADAPTÁVEIS, CARREIRAS ADAPTÁVEIS

O Flickr é um dos sites de armazenagem e compartilhamento de fotos mais amplamente usados, com uma estimativa de mais de 5 bilhões de imagens em seus servidores. Mas a empresa não foi aberta por especialistas em fotografia. Na verdade, seus fundadores, Caterina Fake e Stewart Butterfield (que formou uma equipe com Jason Classon), nunca planejaram começar um serviço de compartilhamento de fotos.

Seu produto original, que ficou pronto em 2002, era um jogo on--line para vários jogadores chamado Neverending. A maior parte das plataformas de jogos da época permitia que, no máximo, umas poucas pessoas jogassem o mesmo jogo juntas simultaneamente. Mas Caterina e Stewart queriam criar um jogo em que centenas de pessoas pudessem jogar ao mesmo tempo. Com isso em mente, o plano era construir algo que eles acreditaram ser não tanto um jogo e mais um "espaço social projetado para facilitar e permitir o jogo". Para atrair e reter os jogadores nesse espaço social, eles incrementaram o site com vários recursos, como grupos e mensagens instantâneas, incluindo um complemento para o aplicativo messenger de mensagens instantâneas que permitia aos jogadores compartilhar fotos uns com os outros. Assim como ocorre com a maior parte das funções do jogo, o complemento de compartilhamento de fotos foi desenvolvido muito rapidamente – levou apenas oito semanas da concepção à execução.

Quando o compartilhamento de fotos foi adicionado ao Game Neverending em 2004, não era nada que chamasse a atenção – as fotos eram apenas outro item que os jogadores poderiam trocar uns com os outros, como os objetos que coletavam no decorrer do jogo.

No entanto, não demorou até que o recurso de compartilhamento eclipsasse o próprio jogo em popularidade. Quando isso ficou claro para a equipe de líderes, eles foram confrontados com uma decisão a tomar: deveriam tentar expandir sua nova plataforma de compartilhamento de fotos, mas manter seu plano de longo prazo e continuar a desenvolver Game Neverending, ou deveriam dar uma pausa no jogo (e em 20 mil ávidos usuários) e dedicar grande parte de seus preciosos recursos ao compartilhamento de fotos: eles decidiram desviar-se do plano original e focar exclusivamente em construir o aplicativo de fotos e na comunidade de compartilhamento de fotos que vinha junto com ele. Eles o chamaram de Flickr. (Eu investi logo que se tornou um serviço de fotos.)

O Flickr rapidamente se tornou o serviço de compartilhamento de fotos preferido de milhões de internautas. Suas funções sociais – marcar e compartilhar – cresceram naturalmente para fora do DNA social que definia o jogo original on-line, mesmo quando eles diferenciaram o serviço em resposta ao feedback do mercado. Em 2005, a Yahoo! adquiriu a empresa, fazendo dela um modelo da Web 2.0. No entanto, mais do que apenas uma história de sucesso do Vale do Silício, a evolução da Flickr é um caso clássico de adaptação inteligente: seus fundadores estiveram em constante movimento no início, tentaram muitas coisas para ver o que funcionaria e foram ágeis alterando seus planos com base no que aprendiam.

Essas são exatamente as mesmas estratégias que definem algumas das carreiras mais inspiradoras. Veja, por exemplo, o caso de Sheryl Sandberg. Hoje, Sheryl é COO (Chief Operating Officer) do Facebook e está encarregada das operações de negócios da empresa. Ela participa dos Conselhos de Administração da Disney e do Starbucks. A *Fortune* a elegeu uma das mulheres mais poderosas do mundo dos negócios.

Você poderia imaginar que uma pessoa tão bem-sucedida sempre soube desde o primeiro dia quais eram seus objetivos e aspirações, e

COMECE POR VOCÊ

que seguiu um plano de carreira ambicioso e rigoroso para atingi-los. Mas você estaria enganado. Sheryl não se ateve a um plano de carreira convencional. Na verdade, como estudante universitária idealista formando-se em Economia, ela nunca imaginou que um dia estaria trabalhando no setor privado, muito menos como uma alta executiva para uma das empresas mais importantes do mundo. Sheryl começou sua carreira na Índia – mais longe do Vale do Silício, impossível. Lá, ela foi trabalhar em projetos de saúde pública para o Banco Mundial. Foi um primeiro emprego consistente com seus valores mais profundos: auxiliar os menos afortunados e fazer a diferença no mundo. Sheryl foi criada em uma casa onde o ativismo político era tão normal quanto comer ou respirar. Seu pai era um médico que, nas férias, regularmente levava a família para destinos do Terceiro Mundo, onde ele prestava serviços de graça como cirurgião para a população carente. A mãe de Sheryl estava envolvida em um movimento que apoiava dissidentes soviéticos, ajudando-os a levar às escondidas chocolate branco contrabandeado, disfarçado como sabonete, para dentro da antiga União Soviética – que depois poderia ser vendido no mercado negro pelo dinheiro de que tanto careciam. Sheryl sabia que tinha sorte de haver nascido nos Estados Unidos, com sua liberdade e riqueza de oportunidades, e foi tomada por um intenso desejo de retribuir de algum modo.

Contudo, depois de dois anos no Banco Mundial, Sheryl mudou de curso e deixou o setor público para se matricular na Harvard Business School, onde adquiriu seu MBA. Do meio acadêmico, sua próxima parada foi o mundo dos negócios. Mas, depois de um período de um ano na empresa de consultoria em gestão McKinsey, percebeu que a carreira corporativa não era para ela; foi quando se mudou novamente, dessa vez para Washington, onde trabalhou como chefe de gabinete, de 1996 a 2001, para o então secretário do Departamento do Tesouro dos Estados Unidos, Larry Summers. Ela não estava oferecendo assistência médica para os pobres da Índia, mas estava ajudando a formar a política que, de algum modo, teria efeito significativo na vida de muitos americanos. (Notem que trabalhar para Summers não foi um acaso: ele havia sido seu professor de Economia na faculdade e a contratara no Banco Mundial. Como sempre, Sheryl cuidadosamente explorou suas conexões para encontrar a próxima oportunidade, sobre o que falaremos mais à frente.)

Depois que o Presidente Clinton deixou o cargo, Sheryl pediu ao então CEO da Google, Eric Schmidt, que ela havia conhecido no Departamento do Tesouro, para orientá-la em seu próximo passo na carreira. Sheryl se recorda da reação de Schmidt quando ela fez uma detalhada apresentação dos prós e contras de suas várias opções: "Não, não! Esqueça as ervas daninhas. Vá para onde há crescimento rápido, porque o crescimento rápido cria todas as oportunidades",[2] disse Schmidt a ela. Foi um conselho extraordinário: trabalhe em um mercado em que, naturalmente, existe *momentum*. Pegue as ondas grandes.

Ao que se revelou, em 2002 aquele lugar era o Google. Schmidt fez uma oferta a Sheryl. Ela a aceitou e tornou-se a vice-presidente de vendas e operações globais do Google. Sheryl aumentou as vendas on-line da empresa e o grupo de operações passou de quatro indivíduos na Califórnia a uma equipe global de milhares de pessoas, e desempenhou papel crucial no desenvolvimento e no crescimento dos dois programas publicitários on-line da Google, o AdWords e o AdSense, que ainda são as fontes da maior parte do rendimento do Google.

A troca do setor público pelo privado, dos corredores do alto poder de Washington para o caos organizado do Vale do Silício, pode lhe parecer uma mudança brusca ou até mesmo acidental. Mas, na realidade, cada passo fazia sentido, considerando a interação de seus recursos, aspirações e realidade de mercado. Suas pronunciadas habilidades de gerenciamento seriam úteis para uma empresa de rápido crescimento; sua formação em economia a ajudaria a desenvolver um

COMECE POR VOCÊ

modelo de vendas para um novo tipo de propaganda on-line; e a missão do Google estava centrada em fazer do mundo um lugar melhor. Depois de seis anos no Google, Mark Zuckerberg contratou Sheryl como COO no Facebook, onde ela permanece até hoje.

O que o Flickr e Sheryl têm em comum é que cada um deles desafia as habituais suposições sobre o caminho para o sucesso. O Flickr contradiz a ideia de que startups vencedoras saem do nada e pega carona na brilhante ideia dos fundadores de conquistar o mundo. Na verdade, a maior parte das empresas não executa um único plano original. Elas vivenciam paradas e recomeços, umas duas experiências de quase-morte e um bocado de adaptação. A Pixar começou como uma empresa que vendia um tipo especial de computador para fazer animação digital; levou um tempo até que a equipe entrou no ramo do cinema. Da mesma forma, o Starbucks originalmente vendia apenas grãos de café e equipamento para fazer café; eles não haviam planejado vender café em xícaras.

A história de Sheryl contradiz a suposição análoga de que pessoas de enorme sucesso encontram seus chamados ainda jovens, arquitetam um plano infalível e, então, o seguem sem hesitação até conseguir realizá-lo. O plano de carreira de Sheryl não foi algo que ela concebeu aos 20 anos e seguiu cegamente. Ela não juntou um monte de dominós, deu um peteleco na primeira pedra e ficou ali parada, olhando as demais pedras caírem no lugar certo com o passar do tempo. Em vez de se fechar em uma única trajetória de carreira, ela avaliou novas oportunidades à medida que iam se apresentando, levando em consideração seu (sempre crescente) conjunto de recursos experienciais e intelectuais. Sheryl pivotou para novos caminhos profissionais sem nunca perder de vista o que realmente importava a ela. "A razão pela qual não tenho um plano é porque, se eu tiver um, ficarei limitada às opções de hoje", argumenta ela.[3]

Entre alguns dos mais notáveis profissionais, ela é a regra, não a exceção. É claro, Bill Clinton decidiu que seguiria a política aos

16 anos e traçou a presidência como alvo ainda bem jovem. Mas a maior parte de nós faz um caminho em ziguezague pela vida. Tony Blair passou um ano tentando a sorte como produtor musical de rock antes de entrar para a política. Jerry Springer foi prefeito de Cincinnati antes de conquistar fama nas tardes de televisão. Andrea Bocelli praticou advocacia antes de se tornar o mundialmente famoso cantor. Carreiras vencedoras, assim como startups vencedoras, estão em beta permanente: sempre uma obra em progresso.

É importante compreender, no entanto, que, enquanto empresas e pessoas empreendedoras estão sempre evoluindo, as escolhas que elas estão fazendo são disciplinadas, não aleatórias. Há um verdadeiro *planejamento* em andamento, mesmo que não haja *planos* concretos. Chamamos esse tipo de planejamento adaptativo disciplinado de Planejamento ABZ, e é isso o que vamos abordar no restante do capítulo.

PLANEJAMENTO ABZ

O planejamento ABZ é o antídoto para a abordagem "qual a cor de seu paraquedas". É uma abordagem adaptativa de planejamento que promove tentativa e erro. Ela permite que você busque agressivamente o ganho e ameniza as inconvenientes possíveis perdas. O planejamento ABZ não é algo que você deva fazer no início de sua carreira. É um processo tão importante para alguém em seus 40 ou 50 anos quanto para um jovem que acabou de tirar o diploma da faculdade. Não há começo, meio ou fim para a trajetória de uma carreira; não importa que idade você tenha ou em que estágio esteja, sempre estará planejando e se adaptando.

Então, a que A, B e Z se referem exatamente? Plano A é o que você está fazendo no momento. É a atual aplicação de sua vantagem competitiva. Dentro do Plano A, você faz pequenos ajustes à medida

COMECE POR VOCÊ

que vai aprendendo; você *tenta* constantemente. Plano B é para onde você pivota quando precisa mudar, seja de objetivo ou de rota para chegar lá. O Plano B tende a estar na mesma área do Plano A. Algumas vezes, você pivota porque o Plano A não está funcionando; algumas vezes, pivota porque descobriu uma nova oportunidade que é melhor do que o que você está fazendo no momento. Em ambos os casos, não elabore um Plano B detalhado – as situações vão mudar rápido demais, mesmo antes de secar a tinta –, mas reflita sobre seus parâmetros de ação e alternativas. Uma vez que você pivote para o Plano B e insista nele, ele se transforma no seu Plano A. Vinte anos atrás, o Plano A de Sheryl Sandberg era o Banco Mundial. Hoje, seu Plano A é o Facebook porque é onde ela está trabalhando no momento.

O Plano Z é a posição de retaguarda: seu bote salva-vidas. Em negócios ou na vida, você sempre deseja continuar no jogo. Se fracassar significa que você está na rua, esse é um fracasso inaceitável. Então qual é seu plano certeiro, confiável, estável se todos os planos de sua carreira forem para o inferno ou se você quiser fazer uma mudança radical na vida? Este é o Plano Z. A certeza do Plano Z é que lhe permite aventurar-se e arriscar em seus Planos A e B.

Mais adiante neste capítulo, entraremos em detalhes sobre cada um desses estágios, mas primeiro gostaríamos de oferecer algumas dicas gerais para serem aplicadas em todos os estágios de seu plano de carreira – em qualquer um dos Planos, A, B ou Z.

Faça planos com base em sua vantagem competitiva

Os planos de carreira devem aproveitar ao máximo seus recursos, colocá-lo na direção de suas aspirações e levar em conta as realidades de mercado. O problema é que, como vimos no último capítulo, essas três peças de quebra-cabeça estão sempre mudando. O melhor que você tem a fazer é articular hipóteses justificáveis sobre cada um. "Acredito que eu seja habilidoso em X, acredito que eu queira fazer Y, acredito que o mercado precise de Z." *Todos* os planos contêm estes três tipos de suposições; os bons os tornam explícitos de maneira que você possa acompanhá-los ao longo do tempo. Essencialmente, você quer tornar explícitas as coisas que precisam ser verdadeiras para seu plano funcionar. Essas hipóteses deveriam levá-lo a ações específicas. As empresas frequentemente têm missões amplas, como maximizar o valor do acionista, mas, como Jack Welch disse, maximizar o valor do acionista "não é uma estratégia que lhe diz o que fazer quando você vai para o trabalho todo dia".[4] De modo semelhante, você pode ter aspirações amplas, como "ajudar pessoas interessantes a fazer coisas interessantes" ou "projetar ecossistemas humanos". Mas o planejamento real compreende traçar os passos específicos que serão necessários para fazer essas aspirações acontecerem.

Priorize o aprendizado

Muitas pessoas adiam ganhar um salário em tempo integral ao passar 23 anos consecutivos na escola. Alguém que tenha abandonado o ensino médio pode ganhar mais dinheiro em curto prazo do que uma pessoa que esteja ocupado estudando química. Mas em longo prazo, de acordo com a lógica, uma pessoa com uma base de conhecimentos e habilidades ganhará mais dinheiro e provavelmente terá uma vida mais significativa. É verdade. E há uma crença parecida em startups: as empresas de tecnologia se concentram mais em aprendizado que em lucratividade nos primeiros anos para maximizar a receita nos anos posteriores.

Infelizmente, para muitos, o aprendizado focado acaba com a formatura na faculdade. Eles leem sobre ações e títulos em vez de ler livros que melhorem sua mente. Eles comparam seu salário em

COMECE POR VOCÊ

dinheiro com os de seus colegas, em vez de comparar as lições aprendidas. Eles investem no mercado de ações e negligenciam o investimento em si mesmo. Em síntese, eles focam em recursos materiais, e não nos subjetivos. Isso é um erro. Não estamos sugerindo que você seja um aluno recém-formado barbudo e faminto para sempre; você precisa ganhar dinheiro e acumular recursos econômicos. Mas, tanto quanto puder, priorize os planos que oferecem a melhor chance de aprender sobre si mesmo e sobre o mundo. Não apenas você ganhará mais dinheiro no longo prazo, como também sua trajetória de carreira será mais recompensadora. Pergunte a si mesmo: "Que plano contribuirá para o crescimento de meus recursos subjetivos mais rapidamente?" Ainda mais fácil: "Que plano oferece maior potencial para o aprendizado?"

Aprenda fazendo

Empreendedores penetram na névoa do desconhecido testando suas hipóteses por tentativa e erro. Qualquer empreendedor (e qualquer especialista em aprendizado/cognição) vai lhe dizer que é mais fácil adquirir o conhecimento prático colocando as mãos na massa, não apenas pensando ou planejando. No Flickr, havia uma suposição de que um jogo para vários jogadores on-line teria maior aceitação. Apenas quando o lançaram, verificaram o feedback do usuário no período de poucas semanas e construíram novos recursos adicionais, como o compartilhamento de fotos, foi que a equipe descobriu onde estava a verdadeira oportunidade. Nos primeiros dias do LinkedIn, o plano era que os usuários convidassem suas conexões de confiança por e-mail – um mecanismo de convite alimentaria o crescimento de participantes. Mas, no final, o melhor meio de permitir a propagação viral era, na verdade, capacitar os usuários a fazer o upload de seus contatos e ver quem já utilizava o serviço.

Com relação às carreiras, você também não precisa saber qual é o melhor plano até que tenha tentado. Somente depois de passar algum tempo naquele curso de graduação, descobri que o meio acadêmico não era meu caminho. Quando entrei no mundo dos negócios, erroneamente pensei que minha vantagem competitiva era ser capaz de manter complexidade em minha mente e dominar abstrações. Mas quando comecei a *trabalhar*, descobri que minha real vantagem no ramo da internet era ter habilidade de pensar simultaneamente sobre psicologia do indivíduo e dinâmica social em larga escala.

Aprenda fazendo. Não tem certeza de que pode entrar no setor farmacêutico? Passe seis meses estagiando na Pfizer fazendo conexões e veja o que acontece. Curioso para saber se você se encaixa mais no marketing ou no desenvolvimento de produtos do que onde está atualmente? Se você trabalha em uma empresa em que existem essas funções, ofereça para ajudar de graça. Qualquer que seja sua situação, *ações*, não planos, geram lições que o ajudam a testar suas hipóteses diante da realidade. As ações o ajudam a descobrir aonde você quer chegar e de que maneira deseja chegar lá.

Faça apostas pequenas e reversíveis

Dar um mau passo eventual é normal quando você adota essa abordagem experiencial, e não o plano de carreira. É a parte "erro" da tentativa e erro. Mas esses erros não são necessariamente permanentes. O bom Plano A pode ser interrompido ou revertido ou transformado em Plano B. Um bom Plano A minimiza o custo do fracasso. Não aposte a fazenda. Insista paulatinamente, aprenda experiência por experiência. Comece com o período de experiência. Mantenha seu trabalho fixo. O Planejamento ABZ admite o fracasso recuperável, contanto que gere lições reais.

COMECE POR VOCÊ

Pense dois passos à frente

Planejar e adaptar significa pensar cuidadosamente sobre seu futuro. Dar o bote no primeiro emprego de bom salário e/ou status elevado que você encontrar pode lhe render uma gratificação imediata, mas não vai ajudá-lo a construir uma carreira significativa. Um objetivo que pode ser alcançado em um único passo geralmente não é muito significativo – ou ambicioso. O professor de Administração Clayton Christensen uma vez disse aos alunos de graduação da Harvard Business School: "Se você estudar as verdadeiras causas dos desastres nos negócios, invariavelmente vai descobrir [uma] predisposição para empreendimentos que oferecem gratificação imediata." Mas, ao mesmo tempo, também não vá fazer o contrário e pensar muito longe no futuro. Mais uma vez, você mudará, o mundo mudará, a concorrência mudará. É por isso que o Plano C, o Plano D ou o Plano E não fazem parte desse sistema.

O melhor a fazer é pensar e planejar dois passos à frente. Se seu objetivo é ser promovido de analista a sócio assistente, o ideal seria dar um primeiro passo na construção de um relacionamento com um sócio importante, ou fazer um curso noturno para desenvolver habilidades avançadas de gestão financeira antes de dar o passo de entrar na sala do chefe e pedir uma promoção. Algumas vezes, o primeiro passo rumo a um objetivo é muito simples. Uma pergunta que as pessoas algumas vezes nos fazem é: "Qual é o melhor meio de entrar nas startups do Vale do Silício?" Bem, há vários modos, mas o primeiro passo é este: mude-se para cá!

Se você não tem certeza de qual é seu primeiro passo, ou mesmo qual deveria ser o segundo, tente um primeiro passo com um elevado valor de opção, ou seja, que possa levá-lo a uma ampla margem de opções. Consultoria em administração é o exemplo clássico de um passo na carreira que maximiza a "opcionalidade" porque as habilidades e experiências de consultoria podem ser úteis e aplicadas em muitos outros próximos passos, mesmo que você não tenha certeza de quais são esses passos ainda. Um bom Plano A é aquele que oferece flexibilidade para pivotar para uma variedade de possíveis Planos B; da mesma forma, um bom primeiro passo gera uma grande quantidade de possíveis segundos passos subsequentes.

Mantenha uma identidade independente de empregadores específicos

Um ótimo artigo publicado no *Onion* de novembro de 2008 descrevia como equipes médicas precisaram ser enviadas para socorrer os cabos eleitorais da campanha de Obama, encontrados em bancos de parque e vagando a esmo pelas ruas da cidade, tendo suas vidas destituídas de significado depois da vitória na eleição. Aquilo foi uma brincadeira, naturalmente, mas ela realmente ressalta um ponto sério: colocar seu coração em alguma coisa é ótimo, mas, quando qualquer coisa representa tudo para você, você fica vulnerável a uma crise de identidade quando pivota para o Plano B. Estabeleça uma identidade independente de seu empregador, cidade e setor. Por exemplo, escreva a frase inicial de seu perfil no LinkedIn não em função de um emprego específico (por exemplo, "Vice-presidente de Marketing da empresa X"), mas uma marca pessoal ou focada em um recurso (por exemplo, "Empreendedor. Estrategista de Produto. Investidor"). Comece um blog pessoal e comece a desenvolver reputação pública e um portfólio público do trabalho que não está atrelado a seu empregador. Desse modo, você terá uma identidade profissional que poderá levar consigo quando mudar de emprego. Você é dono de si mesmo. É a startup em *você*.

Agora vamos verificar como é possível aplicar todas essas estratégias em diferentes pontos ao longo da linha do tempo de A-B-Z.

COMECE POR VOCÊ

PLANO A: QUASE PRONTO, APONTAR, FOGO, APONTAR, FOGO, APONTAR, FOGO...

O PayPal é a empresa líder em pagamentos on-line, processando mais de 20% de todas as transações de e-commerce nos Estados Unidos. Pessoas no mundo todo já enviaram centenas de bilhões de dólares umas para as outras através da Web – de forma segura e instantânea – graças à inovadora tecnologia do PayPal. Quando o PayPal se tornou público em 2002 (uma em apenas duas empresas a fazer isso nesse ano), deu esperanças a um setor de tecnologia em recessão. Quando o eBay adquiriu a empresa por US$1 bilhão, o PayPal provou, por A mais B, que era uma história de grande sucesso do Vale do Silício. Mesmo assim, o Plano A do PayPal não parecia nada com o que a empresa é hoje.

Em 1998, o programador Max Levchin se juntou ao operador de derivativos Peter Thiel para criar a "carteira digital" – uma plataforma criptografada que permitia armazenar dinheiro e informações com segurança em seu celular. Isso logo evoluiu para um software que permitia enviar e receber dinheiro digital em rede sem fios e com segurança por meio de um Palm Pilot (a primeira de várias tentativas) para que dois amigos pudessem dividir uma conta de restaurante usando seus computadores de mão. Era uma ótima ideia que valorizou a formação em tecnologia de Max e a formação em finanças de Peter (recursos complementares que lhes deram vantagem competitiva como fundadores). Max e Peter chamaram a empresa de Confinity – uma mistura de *confiança* e *infinitude*. Mas o Palm Pilot não estava se popularizando.

Então, Max e Peter insistiram novamente. Eles desenvolveram um serviço de transferência on-line que não precisava de um Palm ou qualquer outro aplicativo de telefone móvel. Ele permitia o envio de dinheiro de forma segura pela internet a qualquer pessoa que tivesse um endereço de e-mail. Os destinatários poderiam também transferir em rede sem fio o dinheiro para suas contas bancárias. Para tornar o serviço, que eles batizaram de PayPal, ainda mais útil para os negócios, eles acrescentaram a operação com cartão de crédito. Não eram necessárias contas de comerciantes para fazer o pagamento de um cartão de crédito: somente uma simples conexão on-line universal.

A Confinity cadastrou antigos usuários para transferências de dinheiro "par a par" tanto no aplicativo Palm Pilot quanto no serviço de transferência de pagamentos on-line PayPal, mas não tão rapidamente quanto esperava para o Palm Pilot. A empresa teve dificuldade para encontrar e anunciar um padrão de uso no mercado de massa; o grande público não estava acostumado a enviar dinheiro eletronicamente via internet sem fio uns para os outros.

Em resumo, o Plano A do PayPal havia chegado ao fim. Não havia mais iterações nem pequenas apostas a fazer. Muitas lições haviam sido aprendidas. Mas, graças a um site de leilão chamado eBay, que vinha crescendo bastante, o jogo ainda não havia terminado. Mas voltemos a isso em um minuto.

Pouco tempo antes, enfrentei um momento decisivo semelhante em minha carreira. Meu Plano A (depois de sair do meio acadêmico) era entrar no setor de computadores, mas eu tinha uma grande preocupação: eu não estava certo de que possuía as habilidades técnicas para competir em um lugar como o Vale do Silício. Criar a tecnologia que milhões de pessoas usariam era uma aspiração. Certamente havia uma crescente demanda de mercado para pessoas que tinham experiência com a internet. Mas será que eu tinha as habilidades, e será que eu poderia fazer contatos suficientes no setor da tecnologia para me sair bem? Para descobrir, *tentei*. Consegui um emprego (por meio de um amigo de um amigo) na Apple Computer, em Cupertino.

A Apple me contratou em seu grupo de experiência do usuário, mas, logo depois de começar a trabalhar, percebi que a adequação da produção ao mercado – o foco da gestão de produto – era mais importante do que a experiência do usuário ou o projeto. É possível

COMECE POR VOCÊ

desenvolver incríveis e importantes interfaces para usuários, e a Apple com certeza fez isso, mas, se os consumidores não precisarem ou não quiserem os produtos, eles não os comprarão. Na Apple, e na maioria das empresas, as questões da adaptação de produtos para o mercado recaem no escopo do grupo de gestão de produto, não de experiência do usuário. E, como a gestão de produto é vital em qualquer empresa de produto, a experiência de trabalho na área tende a levar a oportunidades mais variadas de carreira.

Então, de maneira muito parecida com que a primeira versão do PayPal se refez de uma carteira digital para um serviço de transferência de pagamentos on-line, tentei me remanejar no papel de gestor de produto dentro da Apple ("Plano A1"). Mas os empregos em gestão de produto requeriam experiência em gestão de produto. É um contrassenso comum: para empregos que requerem experiência anterior, como se consegue a experiência inicial? Minha solução: fazer o trabalho de graça como atividade paralela. Procurei o diretor de gestão de produto dentro do grupo eWorld na Apple, James Isaacs, e disse a ele que eu tinha algumas ideias de produtos. Sugeri apresentá-las por escrito, além de não deixar de fazer todas as outras coisas que eu estava fazendo, e consegui. Os gestores de produto examinaram minhas ideias e me deram feedback e incentivo. Foi uma aposta pequena, reversível, um experimento dentro do meu trabalho, e funcionou.

A experiência me ensinou que eu realmente tinha as habilidades e intuições para ser bem-sucedido no setor de tecnologia (recursos). Aprendi que a gestão de produto ficava mais próxima do coração das empresas de tecnologia do que o emprego para o qual eu havia sido inicialmente contratado (uma realidade de mercado). E aprendi que a estratégia de produto era um caminho que poderia impulsionar-me aos níveis mais elevados de excelência no mundo dos negócios – o que, por sua vez, me ajudaria a concretizar minha visão de causar grande impacto (aspirações). Todas foram lições importantes que de modo algum eu teria aprendido a não ser entrando na área.

Depois de quase dois anos na Apple, fui para a Fujitsu, no Vale do Silício, trabalhar como gestor de produto em período integral (Plano A2). Ainda estava no Plano A: eu ainda estava experimentando dentro do segmento de tecnologia. Mas, durante todo esse tempo, eu estava ajustando meus recursos e aspirações para o que poderia querer fazer em seguida: meu Plano B.

PLANO B: PIVOTE ENQUANTO VOCÊ APRENDE

Mesmo que você esteja sempre reformando e adequando seu Plano A, caso decida que precisa fazer uma mudança maior, então pivote para o Plano B. Pivotar não é lançar um dardo no mapa e então ir para lá. É mudar a direção ou seu trajeto para chegar a algum lugar *com base no que aprendeu pelo caminho.*[5] Uma vez que você tenha pivotado e esteja na nova trajetória, esta se torna seu Plano A.

O pivotamento do PayPal para o Plano B ocorreu por causa do eBay. Naquela época, o eBay era o mercado "pessoa a pessoa" mais popular da Web. Apesar disso, os leilões precisavam de uma transação "pessoa a pessoa". Isso significava que um comprador em uma cidade geralmente enviava um cheque ou uma ordem de pagamento pelo correio a um vendedor em outra cidade. Esse processo era inconveniente, não confiável e consumia tempo. À medida que o eBay cresceu em tamanho, os vendedores foram ficando cada vez mais frustrados com as opções de cobrança. Eles queriam um modo mais eficiente de receber os pagamentos.

Quando a equipe do PayPal viu que um número crescente de usuários do eBay estava tentando usar o PayPal para fazer os pagamentos, a primeira reação foi: "Por que raios eles estão usando nosso produto?!" (Lembre-se: o PayPal no início estava focado em pagamentos pelo celular.)

COMECE POR VOCÊ

Aquilo rapidamente se transformou em "Oh – talvez essas pessoas sejam nossos consumidores!", o que levou ao entendimento de que a empresa deveria pivotar para o Plano B: oferecer à comunidade do eBay um modo fácil para pagar pelos artigos que compravam nos leilões on-line. Em 1999, o PayPal descartou o aplicativo Palm Pilot (o Plano A inicial) e concentrou-se no eBay. O Plano B não era aleatório, como um aplicativo de bate-papo on-line. Ele permaneceu fiel às raízes originais de encriptografia, enquanto mudava para capitalizar aquilo que parecia ser a verdadeira necessidade de mercado.

Quando isso aconteceu, meu plano B cruzou-se com o Plano B do PayPal. Alguns anos antes de o PayPal decolar, depois dos períodos na Apple e na Fujitsu, eu havia decidido pivotar para o mundo adjacente do empreendedorismo e começar uma empresa própria. Em 1997, fui um dos fundadores do Socialnet.com, um site de namoro on-line. Na época, meu Plano A era a Socialnet. Nas horas vagas, eu estava ajudando Peter e Max a lançar o PayPal, prometendo responder a seus telefonemas até meia-noite do mesmo dia e trabalhando na fundação de sua diretoria. Para mim, eu tinha dois possíveis Planos B. Um seria aprofundar o relacionamento com o PayPal – por exemplo, trabalhar em tempo integral. E o outro seria conseguir um emprego qualquer no segmento de tecnologia. A partir de minhas experiências como um dos fundadores da Socialnet, tanto uma quanto a outra opção de carreira seriam uma pivotagem natural. Cerca de um ano antes do fechamento da Socialnet (uma experiência que me trouxe enorme aprendizado), em janeiro de 2000, decidi unir-me a Max e Peter em período integral no PayPal e tornei-me vice-presidente executivo.

Tanto o Plano B do PayPal quanto o Plano B da minha própria carreira funcionaram bem. No PayPal, o processamento de pagamentos on-line para os usuários do eBay (e outros!) foi um grande sucesso. Isso não quer dizer que o resto do caminho tenha sido uma viagem tranquila sem solavancos; foi bem o oposto. O PayPal alterou seu modelo de negócio, engajou novos executivos, uniu-se a outra

Planeje adaptar-se

empresa e resistiu a milhões de dólares em perdas devido a fraudes. O pior momento provavelmente foi quando a empresa gastou US$12 milhões em dinheiro em um mês sem um centavo de renda. (A situação era tão desesperadora que, na época, comentei com Peter que poderíamos ter passado o dia atirando punhados de dinheiro de cima de um prédio e não chegaríamos nem perto da taxa de queima de capital da empresa.) A equipe foi flexível ao lidar – e aprender – com esses desafios enquanto perseverava para realizar a visão de oferecer transferência de pagamentos on-line em várias moedas.

Do ponto de vista da carreira, encontrei na estrada solavancos semelhantes, mas todos foram instrutivos. Aprendi a me adaptar à velocidade do mundo das startups. Aprendi como atrair e contratar o talento certo. Aprendi sobre os tipos certos e errados de impaciência. E muito mais. O que aprendi com a experiência no PayPal me deu as ferramentas para minha pivotagem seguinte: tentar abrir minha própria empresa novamente. Essa empresa era o LinkedIn.

Quando pivotar: buscar os ganhos e evitar as perdas

Como saber quando pivotar do Plano A (aquilo que você está fazendo no momento) para o Plano B? Quando é a hora de mudar de divisão, trocar de emprego ou até mesmo mudar o setor em que você trabalha?

Dificilmente você saberá com certeza quando pivotar ou quando insistir no que está fazendo. Em geral, uma lição do setor da tecnologia é que é melhor estar à frente de uma grande mudança do que estar atrás dela. Mas o momento certo de mudar é uma questão de arte e ciência, julgamento intuitivo combinado ao melhor feedback ou informação que você puder conseguir – algo que discutiremos no capítulo sobre inteligência de rede. E é claro, saiba que, ao longo do caminho, você terá tanto sorte quanto azar, quando portas se abrirão e fecharão inesperadamente com oportunidades.

COMECE POR VOCÊ

As pessoas em geral acreditam que o momento de mudar para o Plano B é quando algo não está funcionando. Com frequência, este é o caso, mas nem sempre. Não é preciso que o que você está fazendo agora fracasse para que uma mudança faça sentido. Sheryl não estava de modo algum fracassando quando pivotou para a oportunidade no Google. Se você achar que a grama em outro lugar é realmente mais verde, vá para lá!

●●●

Naturalmente, dada a volatilidade do cenário de carreiras de hoje, a decisão de pivotar muitas vezes não é voluntária. Em alguns momentos, somos forçados a seguir para o Plano B. Podemos ser despedidos, uma nova tecnologia pode automatizar ou terceirizar nosso trabalho de rotina, ou o setor inteiro no qual trabalhamos pode ruir. Quem sabe até podemos passar por uma mudança brusca na vida, como ter filhos, o que leva a uma reestruturação das prioridades e à necessidade de pivotar para uma situação que ofereça mais equilíbrio entre trabalho e vida pessoal.

Andy Grove, um dos fundadores da Intel, refere-se a esses tipos de eventos como *pontos de inflexão*. No contexto de negócios, Grove diz que a estratégia do ponto de inflexão é o que acontece quando uma potência "10" (10 vezes maior) prejudica um negócio. Por exemplo, para uma mercearia de cidade pequena, a chegada de um Walmart na vizinhança é uma potência 10 sobre aquela mercearia. Para uma instituição financeira de tamanho médio, uma considerável aquisição corporativa é uma potência 10. Inúmeras empresas que já foram gigantes, como a Blockbuster, a Kodak e *The New York Times* estão a caminho de pontos de inflexão ambientais ocasionados pela potência 10 da revolução digital.

Do mesmo modo que forças externas ameaçam empresas, também podem ter profundas implicações em sua carreira. Para um trabalhador da indústria automotiva em Detroit, o fechamento de um respeitável parque industrial é uma potência 10. Para uma professora de escola pública, o corte do orçamento escolar é uma potência 10. Como afirma Grove: "[Um] ponto de inflexão na carreira resulta de uma mudança sutil, porém profunda, no ambiente operacional, em que o futuro de sua carreira será determinado pelas atitudes que você toma ao reagir a ela."[6] Um ponto de inflexão em sua empresa ou em seu setor geralmente exige que mude suas habilidades ou mude seu ambiente. Em outras palavras, muitas vezes você precisará pivotar.

É impossível saber exatamente quando um ponto de inflexão surgirá em sua carreira. A única coisa que você pode ter certeza sobre o futuro é que ele virá mais cedo e mais inesperado do que possa imaginar. Então, em vez de tentar fazer o impossível e *adivinhar* quando um ponto de inflexão o ameaçará, prepare-se para o desconhecido. Construa seus recursos subjetivos e abrace proativamente novas tecnologias para que, *se* e *quando* um ponto de inflexão surgir de verdade, você esteja pronto para rapidamente voltar a apostar suas habilidades em um Plano B.

James Gaines é o modelo exemplar de alguém que adaptou seus planos antecipando-se às forças devastadoras. Durante o reinado das revistas impressas, Gaines era o rei. Ele foi chefe de redação da revista *People*, e depois da revista *Life*, e por fim da revista *Time* – na época, uma das publicações em papel mais influentes do mundo. Lá, ele entrevistou chefes de Estado e comandou uma redação de mais de 600 jornalistas. Saiu da revista em 1996 para administrar a divisão editorial corporativa do império da Time Inc., integrando a equipe que supervisionava as 26 revistas da empresa. Um ano de atividade o ajudou a se lembrar de que a redação – e não a administração – era sua paixão. Assim, tornou-se autônomo e começou a escrever livros. Já que podia escrever sediado em qualquer lugar, mudou-se com a família para Paris com o intuito de proporcionar uma educação mais estimulante para seus filhos e um pano de fundo mais inspirador para sua produção literária.

COMECE POR VOCÊ

Na época em que morava em Paris, em 2002, Gaines levou seu filho para assistir ao primeiro filme do Harry Potter. Aquela noite acabou se revelando uma experiência de pivotamento na carreira de Gaines. Em uma cena, Harry abre um livro e uma figura humana tridimensional salta da página e balança a cabeça. Gaines lembra-se da cena despertando inspiração divina: um livro interativo! Naquele momento, ele estava escrevendo um livro sobre Johann Sebastian Bach e achava frustrante que o leitor não pudesse ouvir a música descrita no texto. Talvez a tecnologia pudesse transformar os livros para melhor; talvez pudesse adicionar um toque da mágica de Potter à experiência do leitor.

Antes do verão de 2008, um pouco abatido ao completar 60 anos, Gaines se mudou de volta para os Estados Unidos com dois livros publicados por ele. Com a experiência de uma vida inteira na indústria editorial e no jornalismo impresso, ele poderia ter conseguido inúmeras posições de destaque em sua área. Mas viu que o futuro havia chegado e aquela antiga mídia talvez não tivesse espaço nele. Então, Gaines pivotou para o Plano B. Ele estava animado, não em pânico. Em vez de lamentar o passado, ele abraçou a extraordinária possibilidade de contar histórias em uma tela digital. Essa atitude positiva foi o que o amparou durante sua curva de aprendizado.

Ele seguiu adiante e tornou-se editor chefe da *Flyp*, uma recém--criada revista on-line que produzia narrações em vídeo e áudio sobre política, finanças e questões sociais. Em uma revista multimídia on-line, Gaines tinha muito a aprender. E não havia aulas ou treinamento formal. Seus juvenis *subordinados* eram seus *professores*, ensinando-lhe na prática como editar vídeos e áudio, a compreender bases de dados MySQL, e a aprender as vantagens e desvantagens de outros protocolos de internet. Ouvindo Gaines dizer isso, você até poderia pensar que adquirir essas novas habilidades tenha sido moleza. Mas pense no ego dele. Ele tinha décadas de experiência. Uma extensa lista de conquistas. E mesmo assim, achou-se, de certo modo, impotente e jovem novamente. Era o Dia 1º para Gaines. Ele estava em beta permanente.

Em vez de esperar surgir um ponto de inflexão em sua carreira, Gaines se adaptou. No lugar de tentar manter o que sempre foi, Gaines aproveitou suas habilidades em um novo meio de comunicação. Durante todo esse tempo, ele nunca perdeu de vista sua vantagem competitiva no mercado de trabalho: sua habilidade de contar histórias que movem as pessoas, independentemente do veículo.

Para onde pivotar: para um nicho adjacente, algo diferente, mas relacionado

O Plano A do Flickr era um jogo on-line para vários jogadores. Meu Plano A original para minha carreira era ser acadêmico. Sheryl iria ajudar os menos favorecidos, começando pela Índia. James Gaines era editor de revista. Nenhum deles manteve o plano original e, à primeira vista, os planos atuais parecem não ter relação com os antigos; mas, se você olhar mais de perto, verá uma evolução lógica ligando os vários pivotamentos. Ainda estou divulgando conhecimento e ideias sobre a vida social pelo LinkedIn, por meio das empresas que decido abrir, e agora por meio deste livro com Ben. Sheryl ainda está ajudando os menos afortunados em lugares como a Síria e o Egito, que estão usando o Facebook para se organizar e se reunir contra governos opressores. *O melhor Plano B é diferente, mas muito associado àquilo que você já está fazendo.* Quando pensar nas alternativas para seu próprio Plano B, prefira opções que lhe permitam manter um pé firme no chão enquanto o outro faz o giro para o novo terreno. Pivote para dentro de um nicho adjacente.

COMECE POR VOCÊ

Como pivotar: comece paralelamente

A menos que você precise agir de imediato, um modo de começar o processo de pivotar é dar início a seu Plano B em potencial paralelamente. Comece aprendendo uma habilidade durante as noites e os fins de semana. Comece construindo relacionamentos com pessoas que trabalham em um setor adjacente. Procure candidatar-se a um estágio de meio período. Inicie uma atividade paralela de consultoria. Foi isso que fiz quando comecei a prestar consultoria para o PayPal enquanto ainda trabalhava na Socialnet: era um projeto paralelo que tinha o potencial de se tornar um Plano B completo mais tarde (o que, no final, aconteceu).

As empresas da 3M ao Gore-Tex, do Google ao LinkedIn, pagam empregados para passar parte de seu tempo fazendo experiências em projetos paralelos. Por que não fazer disso uma política de carreira pessoal? Tire um dia por semana ou por mês ou até um período de poucos meses para trabalhar em alguma coisa que poderia fazer parte de seu Plano B. Se você tem uma ideia de negócio que queira levar adiante, uma habilidade que queira aprender, um relacionamento que queira consolidar, ou alguma outra aspiração ou curiosidade, comece com um projeto paralelo e veja onde vai dar. No mínimo, apenas comece a conversar com as pessoas. Escolha um dia e marque com cinco pessoas que trabalham em um setor adjacente um encontro para tomar um café.

Se você quiser dar um passinho ainda menor, tire umas "férias vocacionais". Uma empresa que faz exatamente isso, chamada Vocation Vacation, lhe proporciona um test-drive no emprego dos sonhos – seja ele como compositor de sinfonia, como corretor de imóveis ou como escritor de viagens. Se você acha que gostaria de abrir sua própria estância, por exemplo, eles o colocarão em contato com um proprietário de uma estância no Texas e farão você voar para lá para passar dois dias observando o movimento do negócio e discutindo em detalhes o que é necessário para obter êxito no ramo. Esse é um excelente meio de explorar o Plano B potencial sem assumir um grande compromisso irreversível.

PLANO Z: ENTRE NO SEU BOTE SALVA-VIDAS E REORGANIZE-SE

O motivo pelo qual muitas pessoas não aderem à estratégia tentativa e erro, ao aprendizado na prática, à adaptação e às outras sugestões deste capítulo é porque essas estratégias provocam incertezas reais. É fácil falar "aprenda fazendo" – mas e se você não tem certeza do *que* vai aprender ou *do que* deveria fazer? Como veremos no próximo capítulo sobre risco, a insegurança nunca desaparece. O medo de fracassar nunca desaparece. O jeito de se sentir confortável com essas estratégias de empreendedorismo é ter um plano em sua vida que seja altamente seguro. Este é o Plano Z: um plano confiável que você adota quando deixa de acreditar nos Planos A e B, ou quando seus planos são severamente prejudicados. A garantia de amparo do Plano Z é o que lhe permite ser agressivo – não hesitante – com relação aos Planos A e B. Com o Plano Z, você vai ao menos saber que pode *tolerar* o fracasso. Sem ele, você poderia ficar paralisado de tanto medo imaginando o pior dos cenários.

Quando abri minha primeira empresa, meu pai me ofereceu um quarto de hóspedes em sua casa, no caso de o negócio não dar certo – morar ali e encontrar um emprego em algum lugar para ganhar dinheiro eram meu Plano Z. Isso me permitiu ser agressivo em minha tentativa, já que eu sabia que poderia zerar meus recursos se necessário e ainda teria um teto sobre minha cabeça. Ficar desabrigado ou falido ou permanentemente desempregado é um resultado inaceitável caso um de seus planos para a carreira falhe. Seu Plano Z está ali para evitar que esses resultados inaceitáveis se tornem realidade.

Se você tem cerca de vinte e poucos anos e está solteiro, arrumar um emprego no Starbucks e voltar a morar com seus pais pode ser um

COMECE POR VOCÊ

Plano Z viável. Por outro lado, se está com cerca de 30 ou 40 anos e tem filhos, é possível que precise sacar seu seguro de previdência privada. O que quer que funcione para você, pense no Plano Z como um bote salva-vidas, não como um plano de longo prazo. Colocar o Plano Z em prática lhe permite recuar, reorganizar-se e desenvolver um Plano A totalmente novo. Não é o fim da linha – é o que vai mantê-lo na superfície enquanto se reabastece para, então, lançar-se em uma viagem completamente nova, um Plano A completamente novo.

Planeje adaptar-se

INVISTA EM SI MESMO

No dia seguinte:

- Fazer uma lista de suas principais incertezas, dúvidas e perguntas sobre sua carreira no presente momento. Faça uma lista das hipóteses que você desenvolveu em torno dessas incertezas – que tipo de coisas você pensa em descobrir se quiser manter o Plano A, ou pivotar para o Plano B?

- Anote seus atuais Planos A e Z e arrisque algumas anotações sobre quais possíveis passos do Plano B você poderia dar na situação atual.

Na próxima semana:

- Marque um café com alguém que costumava trabalhar no seu nicho profissional e que pivotou para um novo plano de carreira. Como ele fez a mudança? Por quê? Foi um passo acertado? Quais foram os sinais de que era o momento certo?

- Planeje desenvolver mais habilidades transferíveis, aquelas habilidades e experiências que podem ser amplamente usadas em outros empregos em potencial. Habilidades de escrita, experiência de administração geral, habilidades técnicas e de computador, a inteligência das pessoas, experiência internacional ou habilidades de linguagem são exemplos de habilidades com alto valor de opção – ou seja, são transferíveis para uma grande variedade de possíveis Planos B. Quando você descobrir em quais habilidades transferíveis deve investir, faça um plano de ação concreto ao qual possa dedicar-se, tanto se inscrevendo em um curso ou conferência quanto apenas comprometendo-se a passar uma hora por semana aprendendo como autodidata.

COMECE POR VOCÊ

No próximo mês:

• Inicie um projeto experimental paralelo em que você trabalhe durante algumas noites e nos fins de semana. Direcione o trabalho para uma habilidade ou experiência que seja diferente, mas relacionada – algo que ou aprimore o que você faz agora ou possa servir como possível Plano B se seu Plano A não funcionar. O ideal é que você trabalhe nesse projeto juntamente com outra pessoa de sua rede.

• Estabeleça uma identidade independente de seu empregador, cidade e setor. Reserve um nome de domínio pessoal (seu nome.com). Imprima uma quantidade de cartões comerciais contendo somente seu nome e um e-mail pessoal.

Inteligência de rede

Entre em contato com cinco pessoas que trabalham em nichos adjacentes e convide-as para tomar um café. Compare seus planos com os delas. Mantenha esses relacionamentos ao longo do tempo no sentido de ter acesso a informações variadas e então estar em uma posição melhor para potencialmente pivotar para aqueles nichos quando necessário.

4
Uma rede é imprescindível

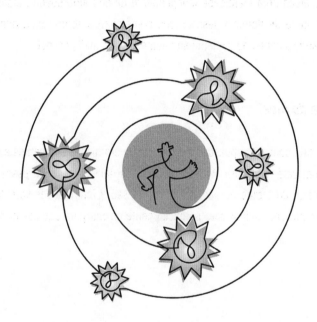

Mesmo que você consiga ficar em beta permanente, mesmo que desenvolva uma vantagem competitiva, mesmo que adapte os planos de sua carreira para condições instáveis – mesmo que você faça todas essas coisas, mas as faça *sozinho* –, vai fracassar. Profissionais de nível mundial constroem suas redes de relacionamento para ajudá-los a navegar pelo mundo. Não importa quão excepcional seja sua mente ou sua estratégia, se estiver planejando jogar sozinho, sempre perderá para uma equipe. Os atletas precisam de treinadores e técnicos, crianças prodígio precisam de pais e professores, diretores precisam de produtores e atores, políticos precisam de doadores e estrategistas, cientistas precisam de laboratórios parceiros e mentores. Penn precisava de Teller. Ben precisava de Jerry. Steve Jobs precisava de Steve Wozniak.* De fato, o trabalho em equipe está claramente em superioridade no mundo das startups. Pouquíssimas startups são abertas por apenas uma pessoa. Todos na comunidade de empreendimentos concordam que não há nada mais importante do que reunir uma equipe talentosa.

---

* *Nota da Tradutora*: Penn & Teller é uma dupla de ilusionistas e comediantes americanos; Ben e Jerry são amigos de infância, fundadores da famosa empresa americana de sorvetes Ben & Jerry; Steve Jobs e Steve Wozniak fundaram a Apple Computer.

COMECE POR VOCÊ

Venture capitalists empreendedores investem em pessoas na mesma medida que em ideias. Frequentemente preferem apoiar fundadores brilhantes com uma ideia mais ou menos a apoiar fundadores medíocres com uma boa ideia, acreditando que pessoas inteligentes e adaptáveis conseguirão abrir caminho para alguma coisa que dê certo. (Descrevemos essa situação com o PayPal e o Flickr no início do livro.)

Não apenas os fundadores devem ser talentosos, como também devem estar empenhados em trazer para a empresa outras pessoas talentosas. A força dos cofundadores e dos primeiros empregados reflete a força individual do CEO; é por isso que os investidores não avaliam o CEO isoladamente, mas junto com sua equipe. Vinod Khosla, cofundador da Sun Microsystems e investidor do Vale do Silício, diz que "a equipe que você constrói é a empresa que você constrói". Mark Zuckerberg conta que passa metade do seu tempo fazendo recrutamento.

Assim como empreendedores estão constantemente recrutando e construindo uma equipe de pessoas incríveis, você deve sempre investir em sua rede de relacionamentos profissionais para fazer crescer a startup que é sua carreira. É muito simples: se você deseja acelerar sua carreira, precisa da ajuda e do apoio de outras pessoas. É claro que, diferente dos fundadores, não vai contratar um exército de empregados que se reportem a você, nem você se reportará a um conselho de administração. O que você faz – o que deveria estar fazendo – é estabelecer uma equipe diversificada de aliados e conselheiros com quem pode crescer com o passar do tempo.

Os relacionamentos são importantes para sua carreira, não importa a organização ou nível de excelência, porque cada emprego se resume à interação com pessoas. Na verdade, a palavra *companhia* deriva do latim *cum* e *pane*, que significa "partir o pão juntos".[1] Sim, mesmo que você seja um codificador de software independente, ainda assim terá de trabalhar com outras pessoas em algum momento, se é que

Uma rede é imprescindível

deseja criar um produto que as pessoas realmente irão usar. Amazon, Boeing, UNICEF e Whole Foods – só para dar alguns exemplos de empresas – são organizações muito diferentes, mas todas elas são essencialmente organizações de pessoas. São as *pessoas* que desenvolvem as tecnologias, descrevem a missão e estão por trás dos conceitos e dos logotipos corporativos.

As pessoas são a fonte dos principais recursos, oportunidades, informações, entre outros. Por exemplo, minha amizade de longa data com Peter Thiel, que começou na faculdade, foi o que me conectou ao PayPal. Sem o relacionamento, Peter nunca teria me ligado para oferecer a oportunidade que mudou minha vida. Do mesmo modo, sem uma aliança, eu não teria indicado Sean Parker e Mark Zuckerberg para Peter no financiamento inicial do Facebook. Em alianças, os recursos e o auxílio fluem em ambos os sentidos.

As pessoas também agem como guardiães. Jeffrey Pfeffer, professor de comportamento organizacional em Stanford, reuniu provas de que, em se tratando de promoção no emprego, fortes relacionamentos e boas relações com o chefe podem ter mais importância do que competência. Isso não é nepotismo nefasto ou política (embora, infelizmente, às vezes seja). Existe uma boa razão: uma pessoa levemente menos competente que se dá bem com as outras pessoas e contribui com uma equipe pode ser melhor para a empresa do que alguém 100% competente que não se dê bem em trabalho de equipe.

Finalmente, os relacionamentos importam porque as pessoas com quem convive moldam quem você é e o que vai se tornar. O comportamento e as crenças são contagiosos: você facilmente "pega" o estado emocional de seus amigos, imita suas atitudes e absorve os valores deles como seus.[2] Se seus amigos são do tipo que termina as tarefas, há chances de que se comporte assim também. *O modo mais rápido de mudar a si mesmo é conviver com pessoas que já são do jeito que você quer ser.*

Eu[Nós] (Eu elevado a Nós): você e sua equipe

Embora na vida ninguém faça nada de importante sozinho, vivemos em uma cultura obcecada por heróis. Se você perguntar à população sobre como uma empresa reconhecida como a General Eletric conseguiu seu status de gigante do setor, provavelmente ouvirá as pessoas falarem sobre Jack Welch, mas nem um pio sequer sobre a equipe que ele montou em torno de si. E, se indagar sobre a carreira de uma pessoa como Jack Welch, ouvirá que ele chegou ao mais alto escalão devido ao trabalho, à inteligência e à criatividade.

Geralmente, todos os tipos de características *individuais* estão presentes quando descrevemos uma pessoa de sucesso. Livros que prometem melhorar sua vida ficam nas prateleiras de "*auto*ajuda". Seminários que prometem ensinar como ser bem-sucedido são considerados "desenvolvimento *pessoal*". As faculdades de Administração raramente ensinam habilidades de construção de relacionamento. Tudo gira em torno do eu, eu, eu, eu. Por que raramente falamos sobre os amigos, aliados e colegas que contribuíram para que sejamos quem somos?

Em parte, porque a ideia do homem que se fez sozinho rende uma bela história, e histórias são a maneira como processamos um mundo complexo e confuso. Boas histórias têm um começo, um meio e um fim; drama; uma problemática clara; um herói e um vilão. É mais fácil contar histórias que negligenciam o elenco coadjuvante. *Super Homem e Seus Dez Aliados* não soa tão bem quanto *Super Homem*. Temos contado e recontado histórias desse tipo por séculos. O próprio Benjamim Franklin "engenhosamente elaborou sua *Autobiography* como fascinantes lições de como fazer-se a si mesmo".[3] Os americanos são particularmente entusiásticos ao abraçar a história do homem feito por si mesmo porque os Estados Unidos são um país que há muito celebra o ideal de um destemido John Wayne e o individualismo rude que ele representava.

Mas as narrativas certinhas costumam ser falsas. Na verdade, os relacionamentos e as redes de Franklin eram uma enorme parte de sua vida, e tiveram grande participação em seu sucesso. Aliás, se você estudar a vida de qualquer pessoa notável, descobrirá que o protagonista atua dentro de uma rede de apoio. Embora seja uma tentação acreditar que somos heróis solitários de nossas próprias histórias, vivemos atrelados a cidades, empresas, fraternidades, famílias e à sociedade em geral – agrupamentos de pessoas que nos moldam da maneira como somos, nos ajudam e, sim, algumas vezes até nos ferem. É impossível desassociar um indivíduo do ambiente do qual ele faz parte. Nenhuma história de sucesso deveria ser isolada de seu contexto social mais amplo.

O homem feito por si mesmo pode ser um mito, mas a velha máxima "Não existe *eu* em *equipe*" também está errada. Existe, sim, um *eu* em *equipe*. Uma equipe é feita de indivíduos com diferentes pontos fortes e habilidades. Michael Jordan precisava de seu time, mas ninguém discordaria de que ele era mais importante para o sucesso do Chicago Bulls do que seus colegas de equipe. E uma laranja podre em uma equipe de ponta pode estragar todas as outras. Pesquisas mostram que uma equipe no mundo dos negócios tenderá a atuar no nível do pior membro da equipe.[4] Seu talento individual e seu esforço no trabalho podem não ser suficientes para o sucesso, mas são absolutamente necessários.

A variante da história do sucesso é que ambos, o individual e a equipe, importam. "Eu" *versus* "Nós" é uma alternativa falsa. São ambos. O sucesso de sua carreira depende tanto de suas capacidades individuais quanto das habilidades de sua rede para ampliá-las. Pense nisso como **Eu**[Nós]. A potência de um indivíduo é aumentada exponencialmente com a ajuda de uma equipe (uma rede). Mas, assim como zero elevado à potência 100 continua sendo zero, sem o indivíduo não existe equipe.

O título da edição americana deste livro é *The Startup of You*. De fato, o "you" é ao mesmo tempo plural e singular.

COMECE POR VOCÊ

O contexto faz diferença: a construção de relacionamentos na vida profissional

"Relacionamento" pode significar muitas coisas. Pode ser a distância ou de perto, apenas para um projeto ou de longa data, emocionalmente próximo ou puramente profissional. Não existem chefes, colegas de trabalho, parceiros de negócios e subordinados. Existem amigos, vizinhos, membros da família e conhecidos há muito não vistos. Existem pessoas com as quais você se relaciona por amor, por amizade, por respeito e por necessidade. Há pessoas com as quais você trabalha obedecendo a um detalhado contrato que legalmente especifica papéis e responsabilidades; há pessoas com as quais você trabalha sem que nada esteja escrito. A universalidade do mundo dos *relacionamentos* faz sentido: a essência da maneira como os seres humanos se relacionam uns com os outros transcende diferenças situacionais.

Dito isso, há diferenças-chave em como os relacionamentos funcionam com base no contexto. Existem pessoas que você conhece somente em um contexto *pessoal*. Esse grupo inclui amigos pessoais próximos e a família. São pessoas para quem você liga no sábado à noite, mas não em plena segunda-feira no trabalho. Essas pessoas são seus amigos de infância, de colégio ou faculdade que podem ser muito queridas, mas não necessariamente estão em uma trajetória de carreira parecida. Estas são pessoas com quem talvez seja importante compartilhar uma espiritualidade e cultivar o alinhamento de valores essenciais. Pelo Facebook, você se conecta com esses amigos e familiares. Você compartilha fotos da última festa e joga CityVille ou Texas Hold'Em. Sua foto no perfil do Facebook pode ser esdrúxula e ali todos querem saber se você está solteiro ou em um relacionamento.

Depois, existem aqueles que você conhece apenas em um contexto *profissional*. Estes incluem colegas, conhecidos do setor, consumidores, aliados, consultores de negócios e prestadores de serviço, como seu contador ou advogado. Você envia e-mails para esse pessoal com o endereço do seu trabalho, e talvez não de sua conta pessoal do Yahoo ou do Gmail. O que os une são interesses profissionais e objetivos em comum. Na internet, o LinkedIn é onde você se conecta com esses colegas de confiança e conhecidos importantes a quem recomenda para vagas de emprego, com quem colabora em projetos profissionais e a quem recorre para consultoria técnica na área. É onde você compartilha informações detalhadas sobre sua qualificação e experiência de trabalho. O foco ali é profissional. No LinkedIn, ninguém se importa com quem você está ou não namorando. Embora a maioria das pessoas tenha um círculo pequeno de amigos próximos, mantém um grande círculo desses conhecidos e colegas importantes.

Em geral, você conhece pessoas basicamente ou em um contexto pessoal *ou* profissional. O único motivo é a etiqueta e as expectativas. É deselegante ver um colega de trabalho parado perto do popular bebedouro confessando infidelidade conjugal. (Faz lembrar uma cena da série de televisão *The Office...*) E sua ideia de fim de semana divertido pode não incluir brincar com os filhos de seu colega de trabalho em um tanque de areia. A principal razão pela qual separamos o pessoal do profissional tem relação com os conflitos de lealdade. Por exemplo, suponha que um colega que você considera um amigo pessoal esteja metendo os pés pelas mãos em um grande projeto. Se ficar calado, estará em falta com outros membros da equipe e com sua empresa como um todo, portanto prejudicando o projeto e sua reputação profissional ao mesmo tempo. Se você se manifestar, seu amigo pode ficar chateado. Ou suponha que um amigo pessoal lhe peça para ser a referência dele no emprego ao qual vai se candidatar em uma empresa de prestígio, mas você não ache que ele esteja verdadeiramente qualificado. Isso pode desgastar a relação de amizade. Por esses motivos, pedir ajuda a amigos íntimos em sua carreira é delicado porque você está pedindo a eles que lidem com lealdades conflitantes: seu dever como profissional e seu dever como amigo.

Mas é bom ser amigo de alguém com quem trabalha. É mais divertido. Você pode convidar o colega para seu casamento. Pode sair para degustar vinhos com seu chefe e seu subordinado no fim de semana. Você pode conectar-se com alguém no Facebook *e também* no LinkedIn. Mas, mesmo nesses casos, durante a maior parte do tempo haverá limites para o estreitamento da amizade. E o contexto continuará a governar a etiqueta e as expectativas. Em um bar, num sábado à noite, você diz e faz coisas diferentes de quando está no escritório em uma tarde de quarta-feira, mesmo que esteja com os mesmíssimos amigos.

Este capítulo se concentra nos relacionamentos que contribuem para tornar o negócio de uma pessoa mais competitivo em um *contexto profissional.*

CONSTRUA RELACIONAMENTOS GENUÍNOS

Muitas pessoas se desanimam com o assunto networking. Elas o consideram pouco autêntico e pegajoso. Dá para entender por quê. Imagine o sujeito viciado em networks: um tagarela irrequieto que coleciona cartões comerciais de todo mundo que vê pela frente, frequenta eventos de networks à noite e usa cabelo engomadinho para trás. Ou o garoto ambicioso ao extremo da sua turma de formandos da faculdade que, freneticamente, envia e-mails para ex-alunos, vai a coquetéis com o conselho de curadores para puxar conversa e adiciona toda e qualquer pessoa que ele já conheceu na vida como amigo nas redes sociais on-line. Essas pessoas estão de porre de Ki-Suco e uma ressaca social e profissional daquelas os aguarda. Felizmente, construir e fortalecer uma rede não precisa ser assim.

Os "viciados em network" da velha escola veem os relacionamentos como transações. Saem em busca de relacionamentos pensando apenas no que as outras pessoas podem fazer por eles. E só entram em contato com elas quando precisam de alguma coisa, como um emprego ou novos clientes. Os construtores de relacionamentos, diferentemente, tentam primeiro ajudar as outras pessoas. Eles não ficam anotando quem fez o quê. Eles sabem que muitas boas ações são retribuídas, mas não agem esperando algo em troca. E pensam em seus relacionamentos o tempo todo, não apenas quando precisam de alguma coisa.

Os viciados em network acham que o importante é ter uma lista imensa de endereços. Essa ênfase na quantidade indica que talvez inconscientemente eles formam relacionamentos fracos. Construtores de relacionamentos preferem relações de qualidade a um grande número de conexões.

Os viciados em network focam em táticas para conhecer novas pessoas. Eles pensam em como dominar a discussão um coquetel ou como ligar de repente ou aparecer sem marcar hora para conseguir falar com alguém importante em sua área. Construtores de relacionamentos começam compreendendo como seus atuais relacionamentos formam sua rede social, e eles conhecem gente nova por meio de pessoas com quem já se relacionam. Construir relacionamentos verdadeiros no mundo profissional é como namorar. Quando você pensa se constrói ou não um relacionamento profissional com alguém, há muitas considerações a fazer: se você gosta dessa pessoa; a capacidade daquela pessoa de ajudá-lo a construir seus recursos, alcançar suas aspirações e colocá-lo em uma posição competitiva, e sua capacidade de retribuir a ajuda de todas essas formas; se a pessoa é adaptável e pode ajudá-lo a adaptar seu plano de carreira se necessário. E, assim como quando se namora, é sempre melhor manter uma perspectiva de longo prazo.

COMECE POR VOCÊ

Seja empático e ajude primeiro

Construir um relacionamento genuíno com outra pessoa depende de pelo menos duas coisas. A primeira é ver o mundo da perspectiva da outra pessoa. Ninguém sabe isso melhor do que o empreendedor preparado. Os empreendedores obtêm sucesso quando fazem as coisas que as pessoas querem comprar, o que quer dizer compreender o que está se passando na mente dos consumidores. Descobrir o que as pessoas querem, nas palavras do investidor Paul Graham, "trata-se da questão mais difícil da experiência humana: como enxergar as coisas pelo ponto de vista alheio, em vez de pensar em si mesmo".[5] Do mesmo modo, nos relacionamentos, somente quando você verdadeiramente se coloca no lugar da outra pessoa, começa a desenvolver uma conexão honesta. Isso é difícil. Enquanto os empreendedores têm algumas maneiras de medir o quanto compreendem seus consumidores apenas observando se as vendas aumentam e diminuem, no dia a dia da vida social não há uma resposta tão imediata assim. Para aumentar ainda mais o desafio, existe o fato de que a forma como percebemos e processamos o mundo externo nos faz acreditar que tudo gira em torno de nós. Certa vez, o falecido escritor David Foster Wallace comentou esta verdade literal: "Não existe experiência que você tenha tido da qual não seja o centro absoluto. O mundo como *você* o experimenta está à *sua* frente ou atrás de *você*, à *sua* esquerda ou à direita, na *sua* televisão ou no *seu* monitor."[6]

A segunda exigência é pensar em como é possível ajudar e colaborar com a outra pessoa, em vez de pensar no que *você* pode *conseguir* dela. Quando você entra em contato com uma pessoa bem-sucedida, é natural imediatamente pensar: "O que ela pode fazer por mim?". Se encontrasse com Tony Blair, não poderíamos culpá-lo por pensar em como seria possível você conseguir tirar uma foto com ele. Se você fosse dividir um táxi com alguém de riqueza incomum, é natural pensar em convencê-lo a fazer uma doação ou investir em uma de suas causas. Não estamos sugerindo que você seja tão virtuoso que um pensamento de interesse próprio nunca passe pela sua cabeça. O que estamos dizendo é que deve deixar esses pensamentos confortáveis e pensar em como *você* pode ajudar *primeiro*. (E somente depois pensar o que pode pedir em troca.) Um estudo sobre negociação mostrou que uma diferença básica entre negociadores preparados e negociadores medianos era o tempo que passavam procurando interesses em comum, fazendo perguntas sobre a outra pessoa e buscando pontos em comum. Os negociadores competentes passam mais tempo fazendo estas coisas – pensando em maneiras de realmente beneficiar as pessoas, em oposição a só tentar insistir em um negócio por puro interesse pessoal.[7] Faça o mesmo. Comece com um gesto amigo em relação à outra pessoa e genuinamente queira fazer aquilo. (Mais adiante neste capítulo, mostraremos exatamente como ajudar.)

O livro clássico de Dale Carnegie sobre relacionamentos, apesar de toda a sabedoria, infelizmente é intitulado *Como fazer amigos e influenciar pessoas* (São Paulo: Cia. Ed. Nacional, 1979). Isso faz Carnegie ser amplamente mal compreendido. Você não "conquista" um amigo. Amigo não é um recurso do qual você se apropria; é um relacionamento compartilhado. Amigo é um aliado, um colaborador. Pense nisso como uma dança de salão. Você não controla os pés da outra pessoa. Sua tarefa é mover-se em sincronia, talvez gentilmente conduzindo ou sendo conduzido. Há um profundo sentimento de reciprocidade. Tentar conquistar/conseguir amigos como se eles fossem objetos coloca a iniciativa inteira em risco.

Agora, poucos dariam o braço a torcer de que estão tentando "conseguir" relacionamentos desta maneira. Ainda assim, suas ações e comportamentos indicam o oposto, e seus relacionamentos acabam sendo prejudicados. Algumas vezes, eles deixam uma impressão ruim por tentar excessivamente *parecer* autênticos e atenciosos. Quando você percebe que alguém está *tentando* ser sincero, acaba esfriando. É uma sensação parecida com o que se sente quando alguém fica repetindo seu nome o tempo todo na conversa e dá para notar que ele está lendo Carnegie. Ou o que sente depois que lê livros sobre networking que enfatizam ser "autêntico", mas, no processo, o networking parece mais um jogo que serve a uma rude ambição pessoal.

O romancista Jonathan Franzen acerta quando diz que as pessoas não autênticas são obcecadas por autenticidade. A menos que o processo de aproximação e de se aliar a outras seja tão tranquilo quanto amarrar os próprios sapatos, o que quer dizer, a menos que se aliar e ajudar realmente seja aquilo que você deseja fazer, a iniciativa de colaborar fracassará, e também, no final, o relacionamento fracassará. Ou em poucas palavras, se você encontrar seus amigos e conhecer gente nova, pare de fazer a si mesmo a pergunta que vem naturalmente "O que vou ganhar com isso?" e pergunte "O que nós vamos ganhar com isso?". Todo o resto parte daí.

O fator diversão

Se não é a aversão ao networking que distancia as pessoas do tema, é a presunção de que construir relacionamentos em um contexto profissional é como passar fio dental: você sabe que é importante, mas não é nada legal. Quando você vê a construção de relacionamentos como uma obrigação, é mais provável que faça por fazer, aja de forma mecânica, seja transacional (verificar sua caixa de correio da lista de coisas a fazer) e construa relacionamentos falsos como resultado. Isso o deixará ainda mais cético, o que levará a ainda mais falsidade. É um círculo vicioso. Mas não precisa ser assim.

Pense em suas lembranças mais alegres. Você estava sozinho? Ou estava cercado de amigos e familiares? Pense em suas experiências mais ousadas, estimulantes. Você estava sozinho ou junto com outras pessoas? Construir relacionamentos deveria ser divertido. É nisso que acreditamos. Ben e eu adoramos a complexidade das relações humanas. Ficamos entusiasmados com a perspectiva de trabalhar junto com outras pessoas – isso aumenta a sensação do que é possível e expande os parâmetros convencionais em que geralmente pensamos. (Na verdade, é por isso que este livro resulta de uma colaboração.) Não estamos sugerindo que você tenha de ser extrovertido ou se torne o centro das atenções. Somente pensamos que é possível apreciar o mistério da experiência de vida de outra pessoa. Construir relacionamentos é a busca emocionante, conquanto delicada, de, ao mesmo tempo, compreender outra pessoa e permitir que essa pessoa o compreenda.

A ESTRUTURA E A FORÇA DA REDE QUE VOCÊ JÁ TEM

Este capítulo não fala sobre como fazer um contato social ou como proceder depois de conseguir o cartão de visitas de alguém. Não vamos lhe dizer como cavar um encontro sem hora marcada. Isso porque o melhor meio de se fazer contato com novas pessoas é através *das pessoas que você já conhece*. De acordo com a pesquisa do National Health and Social Life Survey (Pesquisa Nacional sobre Saúde e Vida Social), 70% dos americanos conhecem seus cônjuges através de alguém em comum, enquanto apenas 30% se conhecem apresentando-se por si mesmos.[8] Em um contexto profissional, estimamos que os números sejam ainda maiores a favor das apresentações por meio das conexões já existentes.

Assim, se você quer construir uma rede forte que o ajude a seguir adiante com sua carreira, primeiro é vital fazer um inventário

COMECE POR VOCÊ

das conexões que você já tem. E não apenas porque suas conexões já existentes vão apresentá-lo a pessoas novas. Sua rede o está influenciando enquanto falamos, mudando a maneira como você pensa e age, e também abrindo e fechando determinadas portas na carreira – algumas vezes, sem nem mesmo você se dar conta.

Existem vários tipos de relacionamento em contextos pessoais e profissionais, de amigos e familiares íntimos a contatos cerimoniosos com colegas de trabalho, e até relações em que há certa confiança. Cada tipo de relacionamento é diferente. Vamos nos concentrar em dois tipos de relacionamento que são importantes em um contexto profissional.

O primeiro são os aliados profissionais. Quem fica ao seu lado durante um conflito ou quando você está estressado? Quem você convida para jantar que pode ajudá-lo a fazer brainstorming de suas opções de carreira? Em quem confia e com quem tenta proativamente trabalhar junto se puder? A quem pede feedback sobre projetos importantes? Com quem reavalia planos e objetivos de vida? Esses são seus aliados. A maioria das pessoas pode manter, no máximo, de 8 a 10 alianças profissionais fortes em algum momento da vida.

O segundo tipo de relacionamento de que falaremos são os conhecidos e os laços mais fracos. De quem você é amigo, mas não amigo do peito? Com quem troca e-mails de vez em quando? A quem pode pedir um pequeno favor profissional? Você consegue se lembrar de uma conversa com esta pessoa nos últimos dois anos? Varia muito o número desses laços fracos que você consegue manter; é possível manter, no máximo, uns 200 ou uns 2 mil, dependendo de sua personalidade, sua linha de trabalho e da natureza de seus relacionamentos.

Aliados profissionais

Em 1978, Mary Sue Milliken, aos 28 anos formou-se em Gastronomia, em Chicago. Apesar de não ter experiência no mundo real, ela estava determinada a conseguir emprego no melhor restaurante da cidade – o famoso Le Perroquet. Depois de duas semanas fazendo lobby, ela estava finalmente contratada para descascar cebolas em período integral. Mais ou menos na mesma época, Susan Feniger também havia se formado em Gastronomia, com ambições semelhantes. Então, ela se mudou de Nova York para Chicago e, meses mais tarde, estava esterilizando verduras e cozinhando brócolis no vapor da cozinha do Le Perroquet. Elas eram as únicas mulheres trabalhando na cozinha. Também eram possivelmente as mais apaixonadas por gastronomia – toda manhã, chegavam ao trabalho duas horas e meia antes do início de sua já longa e cansativa jornada. Ficaram amigas, mas, depois de cerca de um ano, ambas desejavam novos desafios profissionais e tomaram rumos diferentes. Feniger foi para Los Angeles trabalhar no primeiro restaurante americano do então desconhecido chef austríaco Wolfgang Puck. Milliken ficou em Chicago e tentou abrir o próprio café. Quando o café não funcionou, Milliken decidiu melhorar seu currículo com alguma experiência trabalhando em restaurantes na França. Embora não falasse com sua amiga há algum tempo, dispôs-se a ligar para Feniger, dizer olá e dar a notícia de que ela estava em vias de cruzar o Atlântico. A reação de Feniger foi uma grande surpresa: ela estava prestes a fazer o mesmo. Por coincidência, elas estavam começando novos empregos na França na semana seguinte.

Fazendo refeições em bistrôs e viagens de fins de semana para pequenas cidades francesas, Milliken e Feniger se reconectaram e seu relacionamento se fortaleceu, tanto em nível pessoal quanto profissional. Elas sonhavam um dia deixar de trabalhar para os outros e talvez até abrir o próprio restaurante. Quando sua estada na França chegou ao fim, elas se despediram e prometeram uma para a outra que trabalhariam juntas em algum momento da vida. Infelizmente, não seria agora – pelo menos naquele momento. Milliken acabou voltando para Chicago e Feniger foi para Los Angeles, cada qual conseguindo emprego em restaurantes locais.

Nos meses que se seguiram, Feniger não deixou que aquele pacto caísse no esquecimento. Ela insistiu para que Milliken se mudasse para Los Angeles, para que pudessem transformar sua visão em realidade. Millken finalmente atendeu a seu pedido, e as duas abriram sua primeira iniciativa juntas: o City Café, um café aconchegante na parte leste da cidade. As duas conduziam a cozinha enquanto um ajudante de garçom dava conta dos pratos. Devido à falta de espaço, elas montaram sua grelha no estacionamento atrás do restaurante. Era um negócio temporário, mas depois do terceiro ano, filas de fregueses famintos se estendiam em volta do quarteirão. O restaurante que as duas abriram logo depois era maior e melhor. Elas o chamaram de Ciudad e se especializaram em cozinha latino-americana. A inauguração foi um sucesso absoluto. A mídia começou a demonstrar interesse no dueto falante e carismático. A história do antigo pacto e da ascensão simultânea, de ajudantes a proprietárias de restaurante e chefs de cozinha, era cativante, e a popularidade de seus restaurantes em Los Angeles (e em Las Vegas) ia de vento em popa. O canal Food Network deu a elas um programa de televisão chamado *Too Hot Tamales*. Foram convidadas para publicar livros de receitas. Três décadas depois de se encontrarem naquela primeira cozinha higienizando alimentos e lavando pratos, Milliken e Feniger consolidaram seu espaço como autoridades em cozinha latino-americana nos Estados Unidos.

Refletindo sobre o motivo que levou sua aliança a prosperar, Milliken aponta seus pontos fortes e interesses complementares:

"Desde a primeira vez que nos encontramos na cozinha, fomos atraídas para lados diferentes. [Feniger] adora o caos – quando tudo vira uma bagunça e os garçons começam a gritar, e os cozinheiros não sabem o que fazer, e todo mundo entra em um terrível estado de total desespero. É assim que [Feniger] se sente mais feliz, no meio daquilo tudo. Eu gosto de precisão e planejamento e de não ser pega de surpresa."

Hoje, a aliança evoluiu mais uma vez. Feniger recentemente abriu seu primeiro restaurante próprio, sem Milliken como parceira. De certo modo, isso torna o restaurante *solo* de Feniger um concorrente para suas operações conjuntas. As duas insistem que ainda são fortes aliadas. E são mesmo. Considerando que aliados frequentemente atuam no mesmo espaço, algumas vezes acabam competindo entre si. "Aliada concorrente" pode parecer um oximoro. Mas você sabe que é uma aliança forte quando consegue navegar pelas eventuais situações delicadas com o respeito mútuo intacto.*

Quais são as principais características que tornam o relacionamento delas uma aliança e que definem suas próprias alianças? Primeiro, um aliado é alguém que você consulta regularmente para aconselhamento e confia em seu julgamento. Segundo, compartilham *proativamente* e colaboram em oportunidades juntos. Você mantém sua antena especialmente sintonizada com os interesses de seu aliado e, quando faz sentido investir em alguma coisa juntos, vocês o fazem. Terceiro, deve falar bem de um aliado para outros amigos. Você promove sua marca. Quando um aliado entra em conflito, você o defende e protege sua reputação. E ele faz o mesmo nas horas difíceis. Não existe aliança de tempo bom; se o relacionamento não suporta o estresse, não é uma aliança. Finalmente, você deve ser explícito sobre

---

* Milliken e Feniger foram descritas no atencioso livro de Michael Eisner, *Working Together* (HarperBusiness, 2010), de onde sua história foi extraída.

COMECE POR VOCÊ

sua aliança: "Ei, nós somos aliados, certo? Qual é a melhor maneira de nos ajudarmos?"

Ron Howard e Brian Grazer, dois dos maiores produtores e diretores de Hollywood, têm uma parceria e aliança famosa. A essência de sua aliança foi bem resumida por Howard: "Em um negócio tão louco, ter certeza de que existe alguém que é verdadeiramente inteligente, que gosta de você, que tem os mesmos interesses que você e que está remando na mesma direção, é algo de valor inestimável." Esse é um aliado.

A primeira vez que me encontrei com Mark Pincus foi em 2002, no PayPal. Eu o estava orientando com relação à startup em que ele estava trabalhando, por causa da minha experiência no PayPal. Desde a nossa primeira conversa, senti-me inspirado pela fantástica criatividade de Mark e pela maneira como, às vezes, ele parece quicar nas paredes de tanta energia. Sou mais contido, se comparado a ele, preferindo colocar as ideias em sistemas estratégicos a soltá-las como uma mangueira de incêndio. Nossos estilos diferentes fazem a conversa ficar animada. Mas nossos interesses e visões semelhantes é que tornaram nossa colaboração tão bem-sucedida. Investimos juntos em Friendster, em 2002, quando surgiram as primeiras redes sociais. Em 2003, compramos a patente do Six Degrees, que compreende parte da tecnologia fundamental da construção da rede social. Mark, então, lançou sua própria rede social, a Tribe; lancei o LinkedIn. Quando Peter Thiel e eu decidimos colocar a primeira quantia em dinheiro no Facebook, em 2004, sugeri a Mark ficar com metade da parte que eu investi. Como de costume, eu queria que Mark participasse de qualquer oportunidade que parecesse interessante, especialmente uma que tinha relação com a formação de sua rede social – é isso o que se faz em uma aliança. Em 2007, Mark me chamou para conversar sobre sua ideia para o Zynga, a empresa de jogos sociais que ele ajudou a fundar e da qual agora está à frente. Eu soube, quase de

Uma rede é imprescindível

imediato, que gostaria de investir e participar do conselho, e foi o que fiz. Nós dois pensamos que o Zynga e o Facebook seriam empresas muito fortes, mas ninguém poderia antecipar o sucesso astronômico. Com um aliado, você não precisa ficar registrando quem fez o quê; apenas tenta investir na aliança tanto quanto possível. O que dá sustentação a toda essa colaboração? Ambos somos motivados por essa paixão pelo segmento da internet, especialmente pelo espaço de redes social. Nós nos complementamos. Gostamos um do outro como amigos. Nós nos conhecemos há algum tempo – vários anos se passaram até que pensamos um no outro como aliados. E há outra razão que parece insignificante, mas é importante e digna de nota: ambos vivemos em San Francisco, na Bay Area. De acordo com vários estudos, a proximidade física é, na verdade, um dos melhores indicadores da força do relacionamento.

Com resultados tão animadores quanto os que eu e Mark temos obtido, uma aliança pode ser enriquecedora mesmo quando não há muito dinheiro em jogo. No início de sua carreira, o aliado ajuda na autodescoberta, ajuda a construir sua rede e a planejar para o futuro. A aliança de Ben com os empreendedores Ramit Sethi e Chris Yeh é um banco fiduciário que consiste essencialmente em aprofundar a compreensão que eles compartilham do mundo. Uma característica exclusiva do século vinte e um de sua aliança é que eles se comunicam pela internet. Usando o serviço de marcação Delicious há cinco anos, Ramit, Chris e Ben têm acompanhado os artigos, vídeos, blogs e outras páginas favoritas da Web uns dos outros. Ver o que alguém está lendo é como ver de onde deriva seu pensamento. Milhares de páginas marcadas nos favoritos, tweets e, mais tarde, publicações em blogs, cada qual possui uma intricada compreensão do que está acontecendo na cabeça dos outros diariamente. Quer dizer que, a cada telefonema e reunião, tem-se a impressão de retomar a conversa exatamente do ponto em que eles a deixaram – alguns minutos atrás.

COMECE POR VOCÊ

Não é de se surpreender que cérebros tão conectados obtenham como resultado confiança, amizade e colaborações comerciais.

Uma aliança é sempre uma troca, mas não uma transação. Um relacionamento transacional é, por exemplo, quando seu contador entrega sua declaração de imposto de renda preenchida e, em troca, você paga pelo serviço. Uma aliança é quando um colega de trabalho precisa de ajuda de última hora no domingo à noite porque está se preparando para uma apresentação na segunda-feira de manhã e, mesmo você estando ocupado, concorda em ir até a casa dele para ajudá-lo.

Esses "voleios de comunicação e cooperação" constroem a confiança. Confiança, segundo David Brooks, é "a reciprocidade habitual que se reveste de emoção. Ela cresce quando duas pessoas (...) lentamente aprendem que podem confiar uma na outra. Membros de uma relação confiável logo se dispõem não apenas a cooperar um com o outro, mas também a se sacrificar um pelo outro."[9]

Você coopera e se sacrifica porque quer ajudar um amigo que precisa, mas também porque percebe que poderá chamá-lo no futuro, quando você estiver em um aperto. Isso não é ser egoísta; é ser humano. Animais sociais fazem boas ações uns pelos outros em parte porque as ações serão recíprocas em algum momento. Com alianças profissionais confiáveis, a reciprocidade não é instantânea – por exemplo, você não vira no dia seguinte e diz: "Escute aqui, eu o ajudei com sua apresentação, agora quero algo em troca." O ideal é que a noção de um intercâmbio desapareça na realidade de que seus destinos estão entrelaçados. *Em outras palavras, como o ajuste de contas vai ficando cada vez menos formal e como a expectativa de intercâmbio recíproco se estende por períodos cada vez mais longos, um relacionamento de parceria com base em troca se transforma em uma verdadeira aliança.* *

---

* Visite startupofyou.com/alliance para uma explicação mais detalhada sobre altruísmo e reciprocidade.

Laços fracos e conhecidos: aumente a amplitude de sua rede

Os aliados, pela natureza do vínculo, existem em número reduzido. Há um número muito maior de conexões mais soltas e de conhecidos que também desempenham um papel em sua vida profissional. Esses indivíduos são os que você conhece nas conferências, ex-colegas de turma, colegas de trabalho de outras divisões ou apenas pessoas interessantes com ideias interessantes que você encontra na vida cotidiana. Os sociólogos se referem a esses contatos como "laços fracos": pessoas com quem você passou curtos períodos com baixa frequência de tempo (por exemplo, alguém que você veja apenas uma ou duas vezes ao ano em uma conferência, ou apenas conheça pela internet e não pessoalmente), mas por quem ainda nutre amizade.

Laços fracos no contexto de uma carreira foram formalmente pesquisados em 1973, em um estudo no qual o sociólogo Mark Granovetter perguntou a um grupo aleatório de profissionais de Boston quem havia acabado de trocar de emprego e como eles haviam encontrado o novo emprego. Aos que responderam que haviam encontrado o emprego por um contato, Granovetter perguntou com que frequência eles se encontravam com o contato. Ele pediu aos participantes que assinalassem se viam a pessoa frequentemente (duas vezes por semana), ocasionalmente (mais de uma vez ao ano, mas menos de duas vezes por semana) ou raramente (uma vez ao ano ou menos).[10] Cerca de 16% dos participantes encontraram seu emprego por meio de um contato que eles viam com frequência. Os demais encontraram seu emprego através de um contato que eles viam ocasionalmente (55%) ou raramente (27%). Em outras palavras, os contatos que encaminharam para os empregos eram os "laços fracos".[11] Ele sintetizou sua conclusão em um trabalho adequadamente intitulado "A Força dos Laços Fracos". Os amigos que você não conhece muito bem são os que encaminham para os empregos.

COMECE POR VOCÊ

Granovetter justifica esse resultado explicando que os *cliques* sociais, grupos de pessoas que têm algo em comum, frequentemente limitam sua exposição a novas experiências, oportunidades e informações de fora. Como as pessoas tendem a viver em cliques, seus melhores amigos são geralmente do mesmo setor, da mesma vizinhança, do mesmo grupo religioso etc. Quanto mais forte é sua ligação com alguém, mais provavelmente a pessoa se parecerá com você de vários modos, e mais provavelmente desejará apresentar você a seus outros amigos.[12]

De um ponto de vista emocional, isto é ótimo. É divertido fazer coisas em grupos com pessoas com quem você tem muito em comum. Mas do ponto de vista informacional, Granovetter discute que essa interconectividade é limitadora porque a mesma informação se recicla por sua rede local de amigos que pensam de forma semelhante. Se um amigo próximo souber de uma oportunidade de emprego, é muito provável que você também já esteja sabendo. Laços fortes geralmente apresentam conhecimentos, atividades e amigos repetidos.

Em contrapartida, laços fracos geralmente estão fora do círculo principal. Você não apresentará necessariamente um contato mais distante a todos os seus outros amigos. Desse modo, há maior probabilidade de um laço fraco ser exposto a uma nova informação ou a uma oportunidade de emprego. Este é o ponto-chave da argumentação de Granovetter: somente laços fracos podem servir como pontes para outros mundos e, portanto, podem repassar informações e oportunidades de que você ainda não ouviu falar. Queremos salientar que os laços fracos propriamente ditos não encontrarão empregos para você; a questão é que os laços fracos provavelmente estão expostos a informações ou anúncios de empregos que você ainda não viu. Laços fracos por si mesmos não são especialmente importantes; *o importante é a amplitude e o alcance de sua rede.*

Uma rede é imprescindível

Essa característica complicadora ficou perdida desde que Malcolm Gladwell divulgou o estudo de Granovetter em seu megabestseller *O ponto da virada* (Rio de Janeiro: Sextante, 2009). Laços fracos são de fato importantes, mas só são importantes à medida que oferecem novas informações e oportunidades. Nem todos os laços fracos fazem isso. Um laço fraco que trabalha em seu segmento e está exposto às mesmas pessoas e informações não será a ponte da qual Granovetter fala. E, já que a informação hoje nunca esteve tão acessível, a ponte descrita por Granovetter nos anos 1970 é menos importante agora do que antes. Se você quisesse ficar por dentro do que estava acontecendo no Brasil naquela época, o melhor e talvez único jeito fosse manter contato com alguém que vivesse no Brasil ou viajasse para lá com frequência. Hoje, obviamente, há milhares de fontes de comunicação a um clique de distância que dão uma visão clara do que está acontecendo em terras longínquas. Nos anos 1970, se você precisasse de um emprego em outra cidade, um amigo naquela cidade teria de procurar por uma empresa em um classificado de empregos no jornal local e, então, enviar-lhe o recorte pelo correio, o que levaria uma eternidade. Atualmente, todos os empregos estão publicados on-line. É mais fácil obter informações que estão circulando em outras esferas sociais, mesmo que você não tenha um laço fraco que pertença àquele território. Por isso, laços fracos são um modo de conseguir uma rede de amplo alcance, mas *qualquer* relacionamento que o conduza a outro mundo atende a esse propósito.*

De qualquer modo, introduzir diversidade e amplitude é especialmente importante nas transições de carreira. Quando você pivota para

---

* Um laço "semiforte", que é, ao mesmo tempo, diferente de você, mas ainda assim próximo o bastante para fazer recomendações, é mais valioso do que um laço fraco, que unicamente expande a amplitude total de sua rede. Discutimos mais a respeito dessas conexões em www.startupofyou.com.

COMECE POR VOCÊ

o Plano B ou Plano Z, precisa de informações de novas oportunidades. Você também vai precisar conhecer pessoas em diferentes nichos ou campos que encorajem o passo que você está dando. Como diz Herminia Ibarra em seu livro *Identidade de carreira* (São Paulo: Gente, 2009), algumas vezes os laços fortes, que nos conhecem melhor e poderiam *desejar* nos apoiar em uma transição, ao contrário, "tendem a reforçar e até mesmo desesperadamente preservar as antigas identidades das quais estamos tentando nos livrar. A diversidade e a amplitude em sua rede encorajam a flexibilidade para pivotar".[13]

Quantos aliados e conexões fracas você pode ter?

Imagine que você ganhe de presente de aniversário uma máquina fotográfica digital com um cartão de memória embutido. Você a carrega em uma viagem de seis meses para a África, onde não tem acesso a um computador – então, todas as fotos que quiser guardar devem caber naquele cartão de memória. Quando você chega, tira fotos livremente e talvez até grave alguns vídeos curtos. Mas depois de um mês mais ou menos, o cartão de memória está praticamente cheio. Agora se vê forçado a ser mais criterioso ao decidir como usar esse armazenamento. Pode tirar menos fotos. Pode optar por reduzir a qualidade/ resolução das fotos que tirar para que caibam mais fotos. É bem provável que vá desistir dos vídeos. E mesmo assim, inevitavelmente, atingirá a capacidade máxima do cartão de memória, chegando ao ponto de, querendo tirar novas fotos, ter de apagar as anteriores. Assim como uma câmera digital não pode armazenar um número infinito de fotos e vídeos, você não pode manter um número infinito de relacionamentos. É por isso que, mesmo sendo criterioso ao fazer suas escolhas, em algum momento atingirá o limite e qualquer novo relacionamento significará sacrificar um antigo.

Uma rede é imprescindível

O número máximo de relacionamentos que podemos administrar na prática – o número que caberia na memória do cartão, se fosse o caso – é descrito como o Número de Dunbar, em homenagem ao psicólogo evolucionista Robin Dunbar. Mas talvez não devesse ser. No início dos anos 1990, Dunbar estudou as conexões sociais dentro de um grupo de primatas. Sua hipótese era a de que o tamanho máximo de seu grupo social inteiro estava limitado pelo reduzido volume de seu neocórtex. É preciso ter capacidade mental para se socializar com outros animais e, portanto, quanto menor o cérebro do primata, menor sua competência para a socialização e menor a quantidade de primatas com os quais ele será capaz de fazer amizade. Dunbar, então, extrapolou sua teoria para os humanos, que têm um neocórtex particularmente grande e, em consequência, deveria ser capaz de se socializar com mais eficiência e com um grande número de humanos. Com base no tamanho do neocórtex, Dunbar calculou que os humanos deveriam ser capazes de manter relacionamentos com cerca de 150 pessoas no máximo em um dado momento. Para conferir essa teoria, ele examinou registros antropológicos de campo e outros indícios de aldeias e tribos da era da caça e coleta. Como previa, ele descobriu que o tamanho das tribos sobreviventes tendia a ser de cerca de 150 indivíduos. E quando observou sociedades humanas modernas, descobriu que muitos grupos empresariais e militares se organizam em *cliques* de cerca de 150 pessoas. Ou seja: o Número de Dunbar de 150.[14]

Mas a pesquisa de Dunbar não é exatamente sobre o número total de indivíduos que uma pessoa qualquer pode conhecer. A pesquisa concentrou-se em como muitos primatas não humanos (e humanos, mas apenas por extrapolação) podem sobreviver juntos em uma tribo. Naturalmente, limites do grupo e o número de pessoas que você pode conhecer são conceitos estreitamente relacionados, especialmente se considerarmos todas as pessoas da sua vida como parte de seu grupo social. No entanto, a maioria de nós define o grupo social completo de forma mais abrangente do que Dunbar fez em sua pesquisa. A *sobrevivência* no mundo moderno não depende do contato direto, cara a cara com todos em nosso grupo/rede social, como ocorria nas tribos que ele estudou.

Independentemente de como você analisar a pesquisa de Dunbar, está absolutamente claro que existe um limite para o número de relacionamentos que consegue manter – se não houver nenhuma outra razão, pelo simples fato de que temos apenas 24 horas por dia. Mas, ao contrário da interpretação popular do que seja o Número de Dunbar, não há um limite fixo. Há diferentes limites para cada tipo de relacionamento. Pense novamente na câmara digital. Você tanto pode tirar fotos com baixa resolução e armazenar 100 fotos no total como tirar fotos de alta resolução e armazenar 40. Com relacionamentos, conquanto você possa ter apenas uns poucos amigos do peito com quem se encontra todos os dias, poderá manter contato com muitos amigos distantes se apenas enviar-lhes um e-mail uma vez ou duas por ano.

Mas existe um "porém". Conquanto o número de aliados próximos e laços fracos com quem você pode relacionar-se seja limitado, essas não são suas únicas conexões. Você realmente pode manter uma rede social muito mais ampla, que exceda o tamanho de um cartão de memória. É alavancando com inteligência essa rede estendida que você pode experimentar a potência total do $Eu^{Nós}$.

Sua rede estendida: conexões de segundo e terceiro graus

Seus aliados, laços fracos e outras pessoas que você conhece neste momento são suas conexões de primeiro grau. De acordo com Dunbar, há limites para o número de conexões de primeiro grau que você pode ter em qualquer dado momento. Mas seus amigos conhecem pessoas que você não conhece. Esses amigos dos amigos são suas conexões de segundo grau. E aqueles amigos dos amigos, por sua vez, têm amigos – os amigos dos amigos dos amigos são suas conexões de terceiro grau.

Os teóricos de redes sociais usam a terminologia "grau de separação" para se referir aos indivíduos que se situam dentro de sua rede social. Uma rede é um sistema de coisas interconectadas, como os aeroportos do mundo ou a internet (a rede de computadores e servidores). Uma rede social é um conjunto de pessoas e as conexões que as ligam. Todos com quem você interage em um contexto profissional estão inseridos em sua rede social profissional.

Sua rede é maior e mais poderosa do que você pensa

Pense nas ocasiões em que você conheceu alguém e descobriu que conhecia pessoas em comum. O balconista da loja de ferragens da cidade uma vez foi caminhar pelo Parque Yosemite com seu cunhado. Sua nova namorada é da mesma liga de boliche que seu chefe. "O mundo é pequeno", dizemos nessas ocasiões. É divertido fazer essas conexões inesperadas. Uma rua de cidade grande parece inundada de estranhos, então, quando encontramos um rosto familiar, nós o notamos.

Mas o mundo é assim tão pequeno? O psicólogo Stanley Milgram e seu aluno Jeffrey Travers descobriram que é. De fato, é menor e mais interconectado do que o surpreendente reconhecimento mútuo ocasional pode fazer crer.[15] Em 1967, eles realizaram um famoso estudo no qual pediram a 200 pessoas em Nebraska para enviar uma carta para alguém que conhecessem pessoalmente e que pudesse, por sua vez, conhecer determinado corretor de ações em Massachusetts.

COMECE POR VOCÊ

Travers e Milgram rastrearam o tempo que cada carta levou para passar de mão em mão e chegar a seu destino. Em média, cada carta levava seis paradas diferentes antes de aparecer na casa ou no escritório do corretor em Massachusetts. Em outras palavras, o remetente inicial em Nebraska estava a seis graus de distância do destinatário em Massachusetts. Foi esse estudo que deu origem à teoria dos Seis Graus de Separação, e a ideia cabível de que você compartilha conhecidos mútuos com pessoas completamente desconhecidas do outro lado do mundo.

Em 2001, o sociólogo Duncan Watts, inspirado nos achados de Milgram, liderou um estudo mais ambicioso e rigoroso em escala internacional.[16] Ele convocou 18 destinatários em 13 países. De um fiscal de arquivos na Estônia e um policial na Austrália Ocidental a um professor no norte do estado de Nova York, os destinatários foram escolhidos de modo a serem o mais diversificados possível. Em seguida, ele recrutou mais de 60 mil pessoas de costa a costa nos Estados Unidos para participar do desafio. Eles tinham de encaminhar uma mensagem de e-mail para um dos 18 destinatários ou para um amigo que poderia conhecer um dos destinatários. Surpreendentemente, com exceção dos e-mails que nunca chegaram a seu destino, Watts percebeu que Milgram estava com a razão: a distância média que separava um participante de um destinatário ficava entre 5 e 7 graus.

O mundo é realmente pequeno. Pequeno porque é tão interconectado.

• • •

A pesquisa de Milgram e de Watts mostra que o planeta Terra é uma rede social imensa, onde cada ser humano está conectado com outro por não mais do que seis pessoas intermediárias. É ótimo pensar que

Uma rede é imprescindível

estamos conectados a bilhões de pessoas por meio de nossos amigos, e as implicações práticas para a startup que você é são significativas também. Suponha que você desejasse tornar-se um médico e quisesse conhecer uma médica de renome em sua área de interesse. Você já ouviu que ser apresentado é o único meio de conhecê-la. A boa notícia é que você sabe que está, no máximo, a apenas 6 graus de distância dela. A má notícia é que, seguindo o procedimento de Milgram ou de Watts – pedir a um amigo íntimo para lhe encaminhar um e-mail e esperar que depois de seis ou sete encaminhamentos da mensagem o e-mail chegue ao computador da destinatária –, não é nem eficiente nem garantido. Mesmo que seu e-mail chegue, a apresentação seria altamente diluída. Dizer que você é um amigo de um amigo de um amigo de um amigo de um amigo de um amigo não tem o mesmo peso para abrir portas.

Mas se houvesse um mapa universal de toda a rede social humana, seria possível verificar o caminho mais curto entre você e a médica. Agora, cada vez mais, isso existe. As redes sociais on-line estão convertendo a ideia abstrata de interconectividade mundial em algo tangível e possível de se procurar. Estima-se que existe cerca de 1 bilhão de profissionais no mundo, e muito mais de 100 milhões estão no LinkedIn, que recebe mais de duas novas adesões a cada segundo. Hoje, você pode fazer buscas nessa rede para encontrar conexões e amigos de conexões que podem apresentá-lo àquela conceituada médica com o número mínimo de encaminhamentos. Você não precisa mais encaminhar um e-mail ao acaso e esperar que ele chegue a seu destinatário depois de seis voltas pra lá e pra cá. Por exemplo, esta imagem capturada da tela do LinkedIn mostra os saltos intermediários de um usuário para a Dra. Sarah Pendrell.

COMECE POR VOCÊ

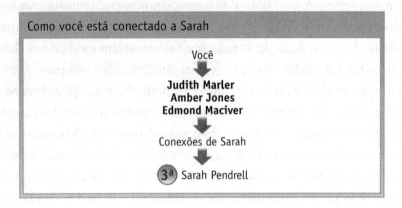

Eis onde entra o limite da teoria de Seis Degraus de Separação. Academicamente, a teoria está correta, mas, quando se trata de conhecer pessoas que possam ajudá-lo profissionalmente, *três graus de separação* é o que conta. Três graus é o número mágico porque, quando você é apresentado a uma conexão de segundo ou terceiro grau, ao menos uma pessoa na cadeia de apresentação conhece pessoalmente a pessoa de origem ou alvo. Neste exemplo: Você —> Karen —> Jane —> Sarah. A Karen e a Jane estão no meio, e ambas conhecem tanto você quanto a Sarah – as duas pessoas que estão tentando se conectar. É assim que se preserva a confiança. Se um grau a mais de separação for adicionado, uma pessoa no meio da cadeia não vai conhecer nem Você nem a Sarah e, portanto, não terá nenhum interesse de se certificar que a apresentação ocorra de forma tranquila. Afinal, por que uma pessoa iria se preocupar em apresentar um completo estranho (mesmo que esse estranho seja um amigo de um amigo de um amigo) para outro completo estranho?

Desse modo, a rede estendida que está disponível para você profissionalmente não contém os cerca de 7 bilhões de outros seres humanos do planeta que estão a 6 graus de distância. Mas ela contém, sim, todas as pessoas com quem você pode entrar em contato, às quais

Uma rede é imprescindível

pode ser apresentado. Este é um grupo grande. Suponha que você tenha 40 amigos, e imagine que cada amigo tenha 35 outros amigos, e cada um desses amigos de amigos tenham 45 amigos exclusivos deles. Se você fizer a conta (40 × 35 × 45), chegará a 54 mil pessoas com quem você pode entrar em contato por meio de uma apresentação.

Digamos que alguns de seus amigos conheçam uns aos outros, então descontando os que são repetidos, o número total é um pouquinho menor. Se você observar a página de "Estatística da Rede" de um usuário do LinkedIn, que mostra o tamanho da rede profissional de um membro até o terceiro grau e leva em conta as repetições, você verá que ainda é um número alto (veja o quadro a seguir).

Você está no centro de sua rede. Suas conexões profissionais podem apresentá-lo a 2.225.400+ profissionais – veja como sua rede se multiplica:		
1 Suas conexões Seus amigos e colegas de confiança		**170**
2 Dois graus de separação Amigos de amigos: cada um conectado a uma de suas conexões		**26.200+**
3 Três graus de separação Entre em contato com esses usuários por meio de um amigo e um dos amigos dele		**2.199.100+**
Total de usuários com os quais você pode entrar em contato utilizando uma apresentação		**2.225.400+**

Uma pessoa com 170 conexões no LinkedIn está, na verdade, no centro de uma rede profissional que tem a potência de mais de 2 milhões de pessoas. Agora você sabe por que um dos primeiros slogans do LinkedIn era: SUA REDE É MAIOR DO QUE VOCÊ PENSA. É verdade!

E também é mais poderosa do que você pode imaginar. Frank Hannigan, empreendedor de software na Irlanda, arrecadou mais de $200 mil em recursos financeiros para sua empresa em *oito dias* em

2010 recorrendo às suas 700 conexões de primeiro grau no LinkedIn e colocando-as a serviço de seu negócio. Setenta por cento dos que investiram estavam entre suas conexões de primeiro grau; 30% eram conexões de segundo grau, ou seja, amigos de seus contatos que encaminharam a mensagem inicial e intermediaram uma apresentação. Esta é a força da rede estendida.

Entre em contato com suas conexões de segundo e terceiro graus utilizando apresentações

Agora que já sabe qual é o melhor caminho para chegar a uma médica renomada – ou àquele *angel investor* ideal, ou àquele gerente de contratações que tem a vaga para o emprego perfeito, ou qualquer outro que possa abrir portas para você – como você entra em contato com a conexão de segundo ou terceiro grau?* O melhor (e às vezes único) jeito: por meio de uma apresentação de alguém que você conheça que, por sua vez, conheça a pessoa com quem quer entrar em contato. Quando você entra em contato com alguém por meio da apresentação de um amigo mútuo, é como ter um passaporte na fronteira – você pode ir passando. A interação é imediatamente favorecida pela *confiança*.

Recebo cerca de 50 propostas de empreendedores por e-mail todos os dias. Nunca abri uma empresa a partir de uma proposta de alguém que eu não conhecesse e creio que nunca o farei. Quando um empreendedor vem com referência de uma apresentação, alguém em

---

* Lembre-se de que há uma diferença entre laço fraco e conexão de segundo e terceiro graus. Um laço fraco é alguém que você conhece no momento – é uma conexão de primeiro grau. Uma conexão de segundo ou terceiro graus é alguém com quem você não tem conexão no momento mas poderia acessar utilizando uma apresentação de um amigo.

quem confio já examinou aquele empreendedor. Trabalhar dentro da minha rede estendida de confiança me permite agir rapidamente ao selecionar as propostas de negócios.

Sempre que quiser conhecer uma nova pessoa em sua rede estendida, peça para ser apresentado. As pessoas sabem que deveriam fazer isso, mas a maioria não faz. É mais fácil apresentar-se sozinho. Pode ser estranho pedir um favor a um amigo. Aliás, só porque você não conhece alguém, não significa que eles tenham de apresentar você a um dos amigos deles. Mas você realmente precisa pedir – direta e explicitamente – e precisa ser convincente explicando o porquê da apresentação. "Eu adoraria conhecer Rebecca porque ela trabalha na indústria de tecnologia", essa não é uma abordagem boa o bastante. "Estou interessado em falar com a Rebecca porque minha empresa está querendo fazer uma parceria com empresas assim como a dela."

Melhor, já que a apresentação parece beneficiar ambos os lados. Quando você entra em contato com alguém, seja claro sobre como pretende ajudar a pessoa a quem você quer ser apresentado – ou ao menos como irá assegurá-la de que ela não vai perder o tempo dela.

Descobrir como você pode ajudar a pessoa a quem você deseja se conectar – ou ao menos descobrir qual seria o maior interesse em comum – já é um bom caminho andado. O OkCupid, site gratuito de namoro on-line, analisou mais de 500 mil primeiras mensagens entre um homem ou uma mulher e um potencial pretendente. Eles descobriram que aqueles que recebiam o maior número de respostas incluíam expressões como "Você mencionou..." ou "Notei que..." ou "Estou curiosa para saber...".[17] Em outras palavras, as expressões que mostravam que a outra pessoa havia lido cuidadosamente o perfil da outra. As pessoas fazem isso em namoro on-line, mas, quando se trata de correspondência profissional, por algum motivo, isso não acontece. É assustadora a maneira como as pessoas enviam solicitações

COMECE POR VOCÊ

genéricas e sem pesquisa alguma. Se você passar 30 minutos pesquisando uma pessoa em sua rede estendida (LinkeIn é um ótimo lugar para se começar), e adaptar sua solicitação em uma apresentação mencionando algo que descobriu, sua solicitação vai sobressair. Por exemplo, "Notei que você passa o verão trabalhando em uma empresa de arquitetura alemã. Já trabalhei para uma agência em Berlim e estou pensando em voltar – quem sabe poderíamos trocar ideias sobre oportunidades de negócios no país?".

Você pode conceituar e mapear sua rede o quanto quiser, mas, se não pedir de modo efetivo e intermediar apresentações, não vai adiantar nada. Pense seriamente nisso. Se não está recebendo ou fazendo ao menos uma apresentação por mês, você provavelmente não está trabalhando sua rede profissional inteiramente.

A melhor rede profissional: coesa e diversificada

Há muito anos, o sociólogo Brian Uzzi conduziu um estudo sobre por que certos musicais da Broadway feitos entre 1945 e 1989 obtiveram sucesso (como *West Side Story* ou *Bye Bye Birdie*) e por que outros foram um fracasso.[18] O que um vencedor tinha que um perdedor não tinha? A explicação a que ele chegou tinha relação com as redes sociais das pessoas por trás da produção. Nas produções fracassadas, um de dois extremos era comum. O primeiro tipo de produção fracassada eram colaborações entre artistas criativos e produtores que tendiam a conhecer uns aos outros de outros espetáculos. Quando a maioria era de laços fortes entre aqueles que orquestravam o espetáculo, a produção carecia de novos e criativos insights, que surgem da experiência diversificada. No extremo oposto, o outro tipo de produção fracassada era aquela em que nenhum dos artistas havia trabalhado com outro em um espetáculo anterior.

Quando o grupo era formado, em grande parte, por laços fracos, o trabalho em equipe, a comunicação e a coesão do grupo sofriam. Em contrapartida, as redes sociais das pessoas por trás das produções bem-sucedidas apresentavam um equilíbrio saudável: algumas das pessoas envolvidas tinham relações que já existiam e algumas não. Havia alguns laços fortes e alguns laços fracos. Havia uma confiança estabelecida entre os produtores, mas também sangue novo no sistema suficiente para gerar novas ideias. Um fator crucial no sucesso de um musical, concluiu Uzzi, é uma mistura adequada de coesão e criatividade (ou seja, laços fortes e laços fracos) dentro das redes sociais das pessoas nos bastidores.

A mesma dinâmica está presente em lugares de trabalho distantes das luzes da Broadway. O Grameen Bank, fundado pelo ganhador de um Prêmio Nobel Muhammad Yunus, está emprestando pequenas quantias a grupos de pessoas nos carentes povoados rurais de Bangladesh. Essas são pessoas que nunca se qualificariam para empréstimos bancários convencionais como indivíduos. O insight pioneiro de Yunus foi que emprestar a grupos, e não a indivíduos, cria uma pressão de grupo para pagar os empréstimos, reduzindo o risco de inadimplência. Mas Grameen não empresta dinheiro somente para qualquer grupo que venha bater à sua porta. O analista de empréstimos procura por grupos que tenham maior probabilidade de pagar pelo empréstimo, e um dos melhores indicadores é a estrutura da rede social do grupo. Os sociólogos Nicholas Christakis e James Fowler resumem o método do banco da seguinte maneira: "O Grameen Bank promove laços fortes dentro de grupos que otimizam a confiança e, então, os conecta por meio de laços fracos com membros de outros grupos para otimizar sua habilidade de encontrar soluções criativas quando surgem problemas."[19] As conexões fortes otimizam a confiança porque há uma provável coincidência entre sistemas de crença e estilos de comunicação. Conexões fracas

COMECE POR VOCÊ

ajudam a encontrar soluções criativas ao introduzir novas informações e recursos de outras esferas sociais.

Pense em sua rede de relacionamentos desta maneira: a melhor rede profissional é tanto estreita/ profunda (conexões fortes) quanto ampla/ rasa (laços que servem de *pontes*).

Somente conexões fortes fornecem profundidade, é claro, motivo pelo qual essas alianças mais íntimas são o tipo mais importante de vínculo. Mas elas também podem ser úteis para ampliar a rede de maneira que os laços fracos não podem. Suas conexões fortes têm maior probabilidade de apresentá-lo de bom grado para novas pessoas – para suas conexões de segundo e terceiro graus. Conexões fracas, embora importantes fontes de novas informações, geralmente não o apresentam para *outras* pessoas a menos que tenham uma razão transacional convincente (por exemplo, a menos que se beneficiem de algum modo). Novamente, Granovetter apontaria o problema da redundância dos laços fortes – a maior parte dos amigos íntimos conhece uns aos outros e, portanto, qualquer um a quem eles o apresentassem seria alguém que ou (a) você já conhece ou (b) não obteria dele nenhuma informação nova ou interessante. Essa é razão pela qual você deve apreciar oportunidades para construir conexões de confiança com gente de diferentes áreas ou esferas sociais. Valorize a diversidade, mas não saia decidido a encontrar exatamente o que imaginou. Quando você fizer amizade com alguém significativamente diferente de você, saiba que a relação tem potencial para ser tanto genuinamente enriquecedora quanto um meio de expandir a quantidade de informação e criatividade que circula em sua rede.

. . .

A esta altura, você já deve saber por que existe uma grande diferença entre ser a pessoa *mais* conectada e ser a pessoa *melhor* conectada.[20]

A qualidade e a força de sua rede não se expressam no número de contatos em sua lista de endereços. O que interessa são suas alianças, a força e a diversidade de suas conexões de confiança, a atualidade das informações que circulam em sua rede, a amplitude de seus laços fracos e a facilidade com que você pode entrar em contato com conexões de segundo ou terceiro grau. Existem, em síntese, vários fatores que contribuem para uma rede profissional útil e satisfatória.

A abordagem para sua rede deveria ser exclusivamente sua. Quando se é jovem e desbravador, muitas conexões mais fracas em áreas distintas podem ser especialmente importantes. Quando já se é mais maduro, talvez se queira consolidar um número maior de alianças e fazer conexões mais fortes em certos nichos. Quaisquer que sejam suas prioridades, cultive a rede que está construindo. Sua vida profissional depende de você ser inteligente e generoso com as pessoas com quem se importa.

COMO FORTALECER E MANTER SUA REDE

Relacionamentos são coisas vivas, que respiram. Alimente, cultive e cuide deles: eles crescem. Negligencie-os: eles morrem. Isso vale para qualquer tipo de relação em qualquer nível de intimidade. O melhor modo de fortalecer um relacionamento é dar a partida no processo de longo prazo de dar e receber. Faça algo pela outra pessoa. Ajude-a. Mas como?

Veja um bom exemplo. Quando Jack Dorsey estava ajudando a fundar a Square – a empresa de pagamentos via celular que transforma qualquer smartphone em um aparelho que aceita cartão de crédito –, muitos investidores ficaram interessados. Para empreendedores incríveis com ideias incríveis, os investidores é que, na verdade, competem pelo privilégio de investir. O fundador da Digg and Milk, Kevin Rose,

COMECE POR VOCÊ

tinha visto um protótipo do dispositivo Square e, imediatamente, percebeu o potencial para pequenas empresas. Quando ele perguntou a Jack se havia lugar para mais uma pessoa na primeira leva de investidores, Jack respondeu que já estava lotado – eles não precisavam de mais investidores. E ponto final. Mas Kevin ainda queria ser útil. Ele notou que, na página de internet do Square, não havia um vídeo de demonstração explicando como o dispositivo funcionava. Então ele gravou um vídeo em HD apresentando o dispositivo e mostrou o vídeo a Jack apenas como forma de contribuição. Impressionado, Jack retrocedeu e convidou Kevin para fazer um investimento na rodada de financiamento "completa" da Série A. Kevin encontrou um meio de agregar valor. Ele não pediu nada em troca – apenas fez um vídeo e o mostrou para Jack. Sem compromisso. Era de se esperar que Jack apreciasse o esforço e retribuísse o favor.

Ao ajudar alguém você demonstra que é capaz de ajudar. Rejeite a ideia errônea de que, se você é menos poderoso, menos abastado ou menos experiente, não tem nada a oferecer a alguém. Todos somos capazes de fazer uma contribuição proveitosa ou dar um feedback construtivo. Sem dúvida, você será *ainda mais* útil se tiver as habilidades e experiências para ajudar seus aliados. Amizades agradáveis são legais, mas os profissionais mais bem conectados são os que realmente podem ajudar seus aliados. É isso que torna uma rede profissional, e não apenas social.

Em seguida, descubra que tipo de ajuda pode ser útil. Imagine-se sentado à mesa para almoçar com alguém que acabou de conhecer e você começa a conversa dizendo "Estou procurando um emprego na cidade de Nova York". Ele coloca o garfo sobre a mesa, limpa o molho tipo barbecue do rosto, olha direto nos seus olhos e responde: "Tenho o trabalho *perfeito* para você." Isso é ajuda? Dificilmente. Como é muito provável que ele não tenha a menor ideia do que seria um trabalho perfeito para você, uma resposta mais adequada seria tentar conhecê-lo: "Fale-me de suas habilidades, interesses e de sua formação." Boas intenções nunca são o bastante. Para ajudar de forma útil, você precisa ter uma noção dos valores e das prioridades de seus amigos e, assim, sua oferta de ajuda poderá ser relevante e específica. O que o mantém acordado até a madrugada? Quais são seus talentos? Seus interesses? Perguntar "Como posso ajudá-lo?!" logo após conhecer alguém é muita pretensão. Primeiro, é preciso conhecer a pessoa.

Por fim, uma vez que você compreenda suas necessidades, desafios e desejos, pense em como lhe oferecer um pequeno presente. Não estamos falando de um cartão presente da Amazon.com ou uma caixa de charutos. Estamos nos referindo a alguma coisa – até mesmo algo não tangível – que não lhe custe nada, mas que seja de grande valor para a outra pessoa. Entre os pequenos presentes clássicos, estão informações e artigos relevantes, apresentações e recomendações. Um presente grande e caro é, na verdade, contraprodutivo – pode parecer uma espécie de propina. Um presente modesto e atencioso é melhor.

Quando for decidir que tipo de presente dar, pense em suas experiências e habilidades especiais. O que você pode ter que a outra pessoa não tem? Por exemplo, pense em uma hipótese extrema. Que tipo de presente seria útil a Bill Gates? Provavelmente, não ajudaria apresentá-lo a alguém – ele pode conhecer quem ele bem entender. Provavelmente não ajudaria enviar um artigo que se lê na mídia sobre a Fundação Gates – é possível que ele tenha sido o entrevistado. Provavelmente não seria útil investir em um de seus projetos – ele está muito bem em matéria de dinheiro. Em vez disso, pense em coisas pequenas. Por exemplo, se você está na faculdade ou tem um amigo íntimo ou irmão na faculdade, poderia enviar a ele informações sobre algumas das principais tendências culturais e tecnológicas de consumo no âmbito acadêmico. Informação sobre o que os estudantes universitários – a próxima geração – estão fazendo ou em que estão pensando é sempre interessante, embora difícil de conseguir, não importa quanto dinheiro você tenha. Que coisas específicas você sabe ou tem que outras pessoas não têm? O segredo por trás dos pequenos presentes fora de série é que são coisas que só você pode oferecer.

Finalmente, se o melhor modo de fortalecer a relação é ajudar a pessoa, o segundo melhor meio é permitir que ela o ajude. Como Ben Franklin recomenda: "Se você quer fazer um amigo, deixe que alguém lhe faça um favor." Não julgue a ajuda com ceticismo (O que fiz para ganhar isso?) ou com desconfiança (O que estão querendo com isso?). Bem, às vezes há motivos para desconfiar, mas só às vezes. As pessoas gostam de ajudar. Se alguém se oferece para apresentá-lo a alguém que você quer muito conhecer ou se oferece para compartilhar sabedoria em determinado assunto, aceite a ajuda e agradeça o favor oferecendo-se para retribuí-lo. Todos vão se sentir bem – e você, certamente, vai se aproximar daquela pessoa.

Seja uma ponte

Um bom modo de ajudar as pessoas é apresentá-las a outras e proporcionar-lhes experiências a que elas não teriam acesso, não fosse por você. Em outras palavras, esteja aberto para diferentes comunidades/círculos sociais e seja a ponte por sobre a qual seus amigos poderão caminhar. Minha paixão por empreendedorismo combinada ao meu interesse em criação de jogo de tabuleiro me levou a apresentar muitos de meus amigos empreendedores ao Settlers of Catan, o jogo de tabuleiro alemão. Uma comunidade no Vale do Silício surgiu em torno do jogo. Também juntei minha experiência em adequar produtos de internet para o consumidor com meu interesse em causas filantrópicas para ajudar organizações, como a Kiva e a Mozilla – fazendo a ponte entre minha rede e os especialistas do mundo com fins lucrativos para o mundo sem fins lucrativos. A experiência e as habilidades de Ben o transformam em uma ponte entre seus amigos na Califórnia e na América Latina; entre pessoas do mundo dos negócios com seus 20 anos e pessoas do mundo dos negócios muito mais velhas; e entre pessoas do mundo dos negócios e profissionais da editoração. Você conseguiria desenvolver conjuntos de habilidades, interesses e experiências em dois ou mais domínios e, então, agir como uma ponte para suas conexões de um círculo que quer ter acesso ao outro? Se conseguir, você será imensamente útil.

Em contato e marcando presença

Não há nada pior do que, inesperadamente, receber um e-mail de alguém com quem você não fala há três anos: "E aí, nós nos conhecemos há alguns anos naquela conferência. Escute aqui, estou procurando emprego no segmento de marketing – você conhece alguém que esteja contratando?" Você pensa: Ah, entendi. Você só entrou em contato comigo porque está precisando de alguma coisa.

Quando uma pessoa ocupada recebe um e-mail perguntando se ela conhece alguém para uma vaga de emprego ou se pode recomendar um especialista em determinado assunto, as pessoas que lhe vêm à cabeça serão aquelas com quem ela teve um contato recente. Ela vai se lembrar de você quando aquela possível oportunidade aparecer na mesa dela? Somente se você ainda estiver na memória dela – somente se estiver no topo da caixa de entrada de e-mails ou nos feeds de notícias.

Não é tecnicamente difícil manter contato com as pessoas. No entanto, você não diria isso se levasse em conta a frequência com que ouve alguém timidamente explicar meses sem dar sinal de vida,

COMECE POR VOCÊ

"Desculpe, sou péssimo em manter contato", como se mandar um breve e-mail para alguém fosse uma ação inata como o senso de direção. Na verdade, para manter contato com as pessoas que você conhece, basta o desejo de fazê-lo, além de um pouquinho de organização e proatividade. Você já deve ter escutado um monte de conselhos desse tipo. Aqui estão algumas coisas não óbvias para se lembrar:

• *Você provavelmente não está perturbando.* Um medo comum que as pessoas têm com relação a manter contato e acompanhar outra é que a outra pessoa irá achá-lo irritante e insistente. Você escreve para alguém e pergunta se quer tomar um café. Não há resposta. Reenvia o e-mail uma semana depois e repete a pergunta. Sem resposta. E agora? Você vai parecer carente se continuar tentando? Bem, depende. Mas geralmente não. Prossiga educadamente se não obtiver uma resposta – e tente mexer na mensagem, no presente, na abordagem. Com o tanto de lixo entupindo as caixas de correio das pessoas, não é raro os e-mails serem apagados. Até ouvir "Não", você ainda não foi rejeitado.

• *Tente agregar valor.* Pergunte a alguém quando seria uma boa hora para oferecer algo mais que um simples cumprimento ou uma atualização pessoal. Exemplos: você vê o nome da pessoa na mídia, lê o artigo que ela escreveu ou no qual foi citado, ou conhece um candidato qualificado para a vaga que ele está tentando preencher. Enviar uma notinha meramente perguntando "Como vai você?" não causará o menor impacto.

• *Se você está preocupado em parecer pessoal demais, formule sua tentativa de contato como uma ação em massa.* Parece estranho entrar em contato com um colega de turma do colegial com quem você não

Uma rede é imprescindível

fala há anos? Eis uma dica que foge à regra de personalizar suas comunicações: formule sua tentativa inicial de retomar o contato como parte de um processo mais geral: "Estou tentando reencontrar velhos colegas de turma do ginásio. Como vai você?" Isso reduz parte do possível estranhamento. Uma vez que você tenha conseguido retomar o contato, então personalize sua mensagem.

- *Um almoço vale por dezenas de e-mails.* Um almoço de uma hora com uma pessoa cria um vínculo igual ao de dezenas de mensagens eletrônicas. Quando puder, encontre-se com a pessoa.

- *Mídia social.* A mídia social é particularmente boa para manter contato passivamente. Ao enviar atualizações gerais para sua rede e para os seguidores, se alguém que você conhece quiser responder, poderá fazê-lo. Mas sem compromisso. Como muitas pessoas *não* respondem a cada atualização de status, postagem do Twitter ou artigo compartilhado, é fácil achar que ninguém está lendo. Mas eles estão lendo, sim. As atualizações regulares que vão pingando, pingando – mesmo se algumas estiverem beirando a futilidade –, criam uma conexão humana real entre você e suas conexões on-line. Use o LinkedIn para fazer atualizações profissionais; o Facebook para as atualizações pessoais; e o Twitter para divulgar atualizações que podem ser do interesse de ambos os grupos.

Se você perdeu o contato com alguém, tome a frente e retome-o. Vá direto ao ponto, talvez com uma notinha meio encabulada dizendo logo de saída que "já faz tempo". Reativar relacionamentos com colegas de escola, um antigo chefe ou um local que um dia foram importantes é um verdadeiro prazer, e também um dos meios mais fáceis de se construir "novas" conexões significativas.

COMECE POR VOCÊ

Crie um fundo para "pessoas interessantes"

Você deve estar percebendo a importância de se manter em contato. Mas vai realmente levar isso adiante? Realizar a mudança comportamental não é fácil. Quando você tem de *fazer* aquilo que sabe que é importante, dá vontade de deixar para outro dia. É por isso que Steve Garrity e Paul Singh se comprometeram antecipadamente e reservaram tempo e dinheiro para manter seus contatos – para que não tivessem desculpas quando chegasse a hora de fazê-lo.

Steve Garrity estudou Ciência da Computação em Stanford e fez estágio em startups durante as férias de verão. Depois de concluir seu mestrado em 2005, ele estava convencido de que queria abrir a própria empresa de tecnologia no Vale do Silício. Mas até aquele momento, ele havia passado toda a vida adulta na Bay Area, e achava que, se abrisse uma empresa naquele exato momento, ficaria novamente preso em um local por muitos anos. Ele queria uma mudança de ares primeiro. Então, conseguiu um emprego como engenheiro na Microsoft, perto de Seattle, para trabalhar em tecnologia de busca para celular. Seattle era um novo espaço físico, e a Microsoft, uma grande empresa – embora nem o local nem a grande empresa fossem o que ele havia planejado fazer em longo prazo, ele imaginou que as novas experiências seriam esclarecedoras.

Mas Garrity tinha uma grande preocupação: o que aconteceria com sua rede de empreendedores, venture capitalists e amigos do Vale do Silício? Ele sabia que algum dia voltaria para abrir uma empresa. Não queria que sua rede local se enfraquecesse. Então, fez questão de manter contato com todas as suas conexões da Bay Area. Nesse ponto é que Garrity foi criativo. Em vez de apenas pensar sobre a importância de manter contato (mas depois de um tempo acabar perdendo, que é o que geralmente acontece), ele antecipadamente separou dinheiro e tempo para manter sua rede atualizada.

Uma rede é imprescindível

O estado de Washington não cobra impostos sobre renda pessoal (ou corporativa), então Garrity percebeu que estava economizando uma boa soma de dinheiro por morar lá, e não na Califórnia. De partida para Seattle, ele declarou que US$7 mil de suas economias seriam "dinheiro da Califórnia".

A qualquer momento que alguém interessante no Vale o convidasse para almoçar, jantar ou tomar um café, Garrity prometeu a si mesmo que voaria de San Francisco para comparecer ao encontro. Ele comparou o avião a uma longa viagem de carro. Um de seus antigos professores de Stanford ligou para ele, sem perceber que Garrity havia saído da cidade: "Steve, alguns alunos muito interessantes estão vindo para minha casa amanhã à noite. Achei que você teria vontade de conhecê-los. Você gostaria se juntar a nós?" Steve disse que sim, e reservou seu voo para San Francisco. Na noite seguinte, ele chegou à casa do professor e bateu à porta com uma das mãos, enquanto segurava uma mala com a outra. Por ter separado dinheiro para seguir adiante com sua política decidida previamente, ele não precisou se preocupar com o custo dos voos ou com o estresse para tomar a decisão.

Ao longo de seus três anos e meio na Microsoft, Garrity visitou a Bay Area pelo menos uma vez por mês. Valeu a pena. Ao retornar à Califórnia em 2009, ele abriu sua empresa, a Hearsay Labs, com um de seus amigos de San Francisco – um amigo cujo sofá serviu de cama durante suas peregrinações regulares de Seattle para a Bay Area.

Garrity não é o único a descobrir que se comprometer antecipadamente a fazer alguma coisa garante que aquilo vá realmente acontecer. Paul Singh cresceu, entrou na faculdade e seus primeiros poucos empregos foram todos na região metropolitana de Washington. Em 2007, ele se mudou para o norte da Califórnia para trabalhar em uma empresa de tecnologia. Paul receava que suas conexões na Costa Leste definhassem durante sua permanência na Costa Oeste. Assim, ele guardou US$3 mil por ano para voar de volta a Washington com a

COMECE POR VOCÊ

intenção de passar tempo com seus amigos lá. Além de manter as relações já existentes, Paul também usou o dinheiro para conhecer novas pessoas. Ele se referiu ao dinheiro guardado como o "fundo para pessoas interessantes" – verba alocada para conhecer ou manter contato com pessoas interessantes. Depois de uns poucos anos na Bay Area, Singh voltou para Washington, trabalhando como Entrepreneur in Residence de um pequeno fundo de investimento, uma oportunidade que surgiu graças ao encontro com seu novo chefe, possibilitada pelo fundo para pessoas interessantes. Com uma conta bancária maior, Singh aumentou seu fundo para pessoas interessantes para US$1 mil por mês, o que utiliza principalmente para se reconectar com a rede que criou na Bay Area durante sua permanência lá.

Navegue pela dinâmica do status ao lidar com pessoas poderosas

Se você deseja manter relacionamentos com pessoas ocupadas e poderosas, tem de prestar especial atenção à função do status. *Status* se refere a poder, prestígio e posição de uma pessoa dentro de um determinado cenário social em determinado momento. Não há uma hierarquia social na vida; o status é relativo e dinâmico. David Geffen tem um status elevado no mundo do entretenimento, por exemplo, mas talvez não tão alto se Steven Spielberg estiver no mesmo recinto. Da mesma maneira, Brad Pitt tem um status elevado, mas coloque-o em uma sala cheia de engenheiros de software, quando o projeto em questão envolver codificação, e o status dele será irrelevante. O presidente dos Estados Unidos é sempre citado como o homem mais poderoso do mundo, mas há coisas que Bill Gates pode fazer que o presidente não pode, e ainda outras coisas que Oprah Winfrey pode fazer que Gates não pode. O status de uma pessoa depende das circunstâncias e das pessoas que estão em volta.

Uma rede é imprescindível

Não se lê sobre status na maioria dos livros sobre carreira e negócios. Esse tópico frequentemente perde espaço para comentários banais, como "Trate as pessoas com respeito" ou "Seja consciencioso com relação ao tempo dos outros". Bons conselhos, mas não é só isso. Queira ou não queira, o mundo dos negócios é cheio de disputas de poder, artimanhas e sinalização de status. É muitíssimo importante compreender essas dinâmicas quando você trabalha com pessoas mais poderosas que você.

Antes de Robert Greene se transformar em autor de best-sellers, trabalhou em uma agência em Hollywood que vendia histórias de interesse humano para revistas, produtores de filmes e editores. O trabalho dele era encontrar as histórias. Uma pessoa competitiva, Greene queria ser o melhor, e certamente, como se recorda, estava encontrando mais histórias que se tornaram artigos de revistas, livros e filmes do que qualquer outra pessoa na agência.

Um dia, a supervisora de Greene o chamou em particular e disse que ela não estava muito satisfeita com ele. Ela não entrou em detalhes, mas deixou claro que alguma coisa estava errada. Greene ficou atordoado. Ele estava produzindo uma grande quantidade de histórias que estavam sendo vendidas – não era esse o objetivo? Havia algo mais. Ele ficou pensando se não estava se comunicando direito. Talvez fosse apenas um problema pessoal. Então, ele se empenhou mais para conquistá-la, comunicar-se e ser agradável. Encontrou-se com sua chefe para rever seu processo de trabalho e seu modo de pensar. Mas nada mudou – exceto seu contínuo sucesso em encontrar boas histórias para vender. Mais tarde, durante uma reunião do pessoal do escritório, todos com os nervos à flor da pele, a supervisora interrompeu o encontro e disse a Greeene que ele tinha um problema de comportamento. Sem mais detalhes, apenas que ele não estava sendo um bom ouvinte e que estava se comportando inadequadamente.

COMECE POR VOCÊ

Algumas semanas se passaram e, depois de ser torturado com críticas vagas a despeito de seu excelente desempenho no trabalho, Greene pediu demissão. Um emprego que deveria ter sido um sucesso profissional absoluto tinha virado um pesadelo. No decorrer de várias semanas, ele refletiu sobre o que acontecera de errado com a chefa.

Ele havia presumido que o importante era fazer um excelente trabalho e mostrar a todos como era talentoso. Embora fazer um excelente trabalho fosse necessário, ele concluiu que não era o bastante. O que ele não conseguiu enxergar era como seus talentos pessoais poderiam fazer sua chefe parecer diminuída aos olhos das outras pessoas. Ele não conseguiu navegar na dinâmica do status ao seu redor; deixou de atentar para as inseguranças, as inquietações do status e os egos de todos os outros. Ele fracassou em construir relacionamentos com as pessoas que estavam acima e abaixo dele naquela hierarquia. E, no fim, pagou com seu emprego.

Todas as pessoas são iguais e, ainda assim, todas as pessoas não são iguais

Todos os homens são criados iguais e dotados de certos direitos inalienáveis, dentre eles a vida, a liberdade e a busca pela felicidade, direitos esses garantidos sem distinção de gênero, grupo étnico ou credo. Se um homem comete um crime, pode perder a liberdade, mas não seus direitos humanos fundamentais, como o direito ao alimento e a condições humanas de vida (pelo menos em sociedades evoluídas). Ninguém é mais humano do que ninguém. Se você respira, merece a dignidade básica. Ponto final.

Mas, de outras maneiras, as pessoas não são iguais. Não vivemos em uma sociedade igualitária. As pessoas fazem escolhas diferentes. Algumas têm mais sorte que outras. Compare dois homens que trabalham em finanças, vestem ternos e gravatas todos os dias e vivem na cidade de Nova York. Superficialmente, eles parecem ter o mesmo status, mas, na verdade, uma pessoa sempre será (e será percebida como) relativamente mais bem-sucedida, poderosa, rica, inteligente, atarefada ou famosa do que a outra.

Diferenças de status – tanto as reais quanto as aparentes – estão relacionadas à maneira como você deve comportar-se em diferentes situações sociais. Os seguintes cenários mostram como gestos de poder inadequados podem ofender alguém de status igual ou superior, e como evitar cometê-los.

- Você envia um e-mail para o vice-presidente encarregado das contratações na empresa em que deseja trabalhar. Envia seu currículo e uma proposta para encontrá-lo em um café perto de sua casa.

> Uma reunião é geralmente mais conveniente para a pessoa que tem status mais elevado. Ou seja, o melhor horário e local para ele. Quando se corresponder com pessoas de status mais elevado, proponha encontrá-la "no escritório dela ou nas redondezas".

- Você chega atrasado a uma reunião com um amigo gerente de produtos.

> A impontualidade é um gesto de poder clássico porque comunica: "Meu tempo é mais valioso do que o seu, então está tudo bem você esperar por mim." É preciso admitir que todos nós já nos atrasamos por conta de circunstâncias fora de nosso controle, e por isso este nem sempre é um sinal confiável. Mas geralmente ele diz alguma coisa. Pense nisso: você se permitiria chegar atrasado a uma reunião com Barack Obama? Claro que não.

- Você e seu colega de trabalho são ambos assistentes de marketing em uma empresa. Ele menciona que está trabalhando em uma proposta de vendas. Você proativamente diz: "Eu ficaria mais do que satisfeito em dar uma olhada em sua proposta e lhe dizer como melhorá-la."

Parece inofensivo? Geralmente é inofensivo. Mas tenha cuidado. Quando você faz uma oferta não solicitada de dizer a alguém como pode melhorar, implicitamente está dizendo que consegue ver defeitos no trabalho dessa que ela não consegue, e que ela deveria ficar feliz em aceitar seu feedback. Se a outra pessoa se vê como um semelhante, pode não enxergar você como alguém que deveria estar lhe dizendo como melhorar, e pode ficar ressentido, e não agradecido.

Lembre-se: mesmo que você não esteja tentando sinalizar que é mais poderoso, um gesto inadvertido de poder não deixa de ser um gesto de poder, e pode irritar pessoas que têm o poder de tomar decisões e a quem você preferiria impressionar.

· · ·

A solução não é puxar o saco das pessoas de status mais elevado. Concordar com tudo que uma pessoa importante fala de forma submissa não impressiona, para não dizer que é desonesto. Assim como a resposta não é desrespeitar as pessoas de status mais baixo ou ostentar superioridade. Comportar-se como o rei do pedaço afasta as pessoas de nível inferior, que nem vão se inspirar em você nem vão ficar do seu lado. Isso também repele as pessoas que estão acima de você, que vão interpretar sua presunção como insegurança. De todo modo, o ponto é que algumas pessoas requerem um pouco mais de requinte. Se você quer construir um relacionamento com alguém de status mais elevado, saiba que deve ser condescendente.

O terreno social nos níveis mais altos de poder e influência pode ser traiçoeiro. Se você anseia cultivar e fortalecer laços com seu chefe, com o chefe do seu chefe, com autoridades superiores ou outras pessoas em posições elevadas, pense em como a instabilidade do poder tem relação com o comportamento social que esperam de você. Um pouquinho de bom-senso nesse departamento vem bem a calhar.

Quando desistir

As pessoas mudam. Você muda. Alguns relacionamentos não nasceram para durar mais que algum tempo. Infelizmente, às vezes é mais fácil deixar o relacionamento continuar pela inércia a menos que haja um grande estímulo para mudar, o que significa que algumas pessoas cultivam relacionamentos que, na verdade, deveriam acabar.

A geração do milênio é particularmente propensa a esse viés. Na faculdade, você é colocado perto de semelhantes de outras idades e, juntos, acumulam uma tremenda quantidade de experiências em comum. É fácil conversar durante o jantar sobre o que fulano ou beltrano disse na festa da noite anterior no dormitório. Mas, no mundo real, não se pode passar o tempo todo junto e, por isso, aquelas amizades agora dependem de paixões e valores genuínos compartilhados. Ao mesmo tempo, seus interesses e atitudes evoluem. Uma das melhores coisas sobre a idade adulta é que você conhece pessoas que compartilham exatamente os mesmos interesses e o mesmo entusiasmo intelectual. Muitas vezes, o que acaba acontecendo é que seus amigos da escola ou da infância passam a fazer parte de uma importante história emocional, mas alguns deixam de ser tão interessantes quanto as pessoas que você está conhecendo. O que fazer?

Com certeza, é preciso fazer alguma coisa porque você não vai ter nem tempo nem energia para fazer novas amizades se insistir em ficar apegado às antigas. É aquela máquina fotográfica digital novamente:

COMECE POR VOCÊ

você não vai ter espaço no seu disco rígido. Mas, diferente de uma câmera digital, a atitude certa não é voluntariamente "apagar" as amizades que você não deseja manter. Em contrapartida, não há problema em deixar que essas amizades esmoreçam por si mesmas. Esta é a evolução natural para certos relacionamentos. Diferente dos relacionamentos românticos, com as amizades raramente há um motivo para a ruptura total. Mesmo que as pessoas sigam caminhos distintos e a amizade lentamente vá se enfraquecendo, a confiança permanece. E, ao contrário da maioria dos relacionamentos que termina, é possível reacender/reativar amizades mais adiante, ou quando as pessoas estiverem em momentos de vida mais parecidos.

É uma pena que muitos relacionamentos acabem sem percebermos. Zele ativamente pelos relacionamentos que você valoriza e, conscientemente, deixe os que não interessam acabarem por si.

Uma rede é imprescindível

INVISTA EM SI MESMO

No dia seguinte:

- Confira sua agenda e identifique cinco pessoas com quem passou a maior parte do tempo nos últimos seis meses – você está feliz com a influência que essas cinco pessoas estão tendo sobre você?

Na próxima semana:

- Apresente duas pessoas que você conhece que não se conhecem. Certifique-se de que a apresentação será útil para ambos. (Visite o site startupofyou.com se precisar de ajuda para elaborar a apresentação por e-mail.) Depois, pense em um desafio que esteja enfrentando e peça a uma conexão que você já possui para apresentá-lo a alguém que possa ajudá-lo. Dê início ao processo oferecendo um pequeno presente (como um artigo relevante) à pessoa que você quer conhecer.

- Imagine que você tenha sido demitido de seu emprego hoje. Quem são as 10 pessoas a quem você escreveria um e-mail para pedir um conselho sobre o que fazer? Entre em contato com elas agora, quando você não precisa de nada especificamente.

No próximo mês:

- Escolha uma pessoa de sua rede que seja um laço fraco, mas com quem você possa querer formar uma aliança mais forte. Comprometa-se em tentar ajudá-la proativamente oferecendo a ela pequenos presentes. Pode ser qualquer coisa, como, por exemplo, enviar a essa pessoa um artigo para ajudá-la a se preparar para uma apre-

COMECE POR VOCÊ

sentação e até mesmo encaminhar um anúncio de emprego. Invista uma quantidade considerável de tempo e energia no relacionamento por vários meses.

- Crie um "fundo para pessoas interessantes" ao qual você automaticamente transfira determinada porcentagem do seu pagamento. Use-o para pagar os cafés, almoços e eventuais passagens de avião de que precisará para conhecer novas pessoas e fortalecer as relações já existentes.

Inteligência de rede

Não conte apenas com as pessoas que você conhece, mas também com aquelas que *elas* conhecem – suas conexões de segundo e terceiro graus. Planeje um evento em que seus amigos tragam alguns dos amigos *deles*; convide sua rede estendida.

Mais dicas sobre como investir na sua rede estão disponíveis em www.startupofyou.com.

5

Busque as grandes oportunidades

O sucesso começa com oportunidades. Oportunidades são como o *snap*, o passe inicial para o lançador que arma a jogada no futebol americano. Você ainda tem de movimentar a bola pelo campo; e ainda tem de entrar em ação. Mas, sem o *snap* para o lançador, não há gol. Para um jovem advogado, ser escolhido para trabalhar com o sócio mais inteligente da empresa constituiria uma oportunidade. Para um artista, poderia ser uma oferta de último minuto (talvez devido a um cancelamento) para uma exposição em um museu importante. Para um estudante, seria, por exemplo, ganhar uma concorrida bolsa de estudos para viajar e fazer pesquisa. Se encontrar essas oportunidades fosse apenas uma questão de entrar em uma loja, vasculhar uma prateleira empoeirada de oportunidades, escolher uma delas e, então, pagar e sair, a hierarquia do poder no mundo seria muito diferente. É claro, não funciona desse jeito. Cabe a você – com a ajuda de sua rede – dar um jeito de encontrar e criar oportunidades profissionais para si mesmo. E não adianta ser apenas uma oportunidade qualquer. Empreendedores não começam seus negócios em qualquer lugar; eles canalizam os recursos mentais e as habilidades que estivemos discutindo para encontrar *grandes* oportunidades de negócios. Da mesma maneira, para realizar algo significativo em sua carreira, é preciso focar em encontrar *grandes* oportunidades de carreira e investir nelas: as oportunidades que vão aumentar sua vantagem competitiva e acelerar seu Plano A ou Plano B.

Em uma startup, o crescimento raramente é lento e constante. Ao contrário, em geral, oportunidades consecutivas – certos grandes avanços, acordos e descobertas – empurram a empresa para a frente e aceleram a taxa de crescimento. Veja a Groupon. Por volta do primeiro ano de existência, ela se arrastou como um site do qual você provavelmente nunca ouviu falar chamado The Point, que organizava grupos de pessoas que queriam fazer petições coletivas para ações cívicas e sociais. Andrew Mason, proprietário do site, notou que os usuários do site se engajavam mais quando se uniam para aumentar seu poder de compra. Ele viu ali uma oportunidade de entrar em um nicho diferente. Então ele pivotou para um novo plano e construiu um site (em questão de semanas) que, exclusivamente, oferecia descontos coletivos para os consumidores. Graças à sua rápida ação e à soberba execução, esse movimento acelerou, de forma significativa, o crescimento e a trajetória da empresa, que, com o tempo, transformou o The Point em Groupon, a empresa de capital aberto multibilionária que é hoje. Mas nenhuma startup desfruta de crescimento astronômico eterno – ao menos se não continuar a encontrar novas oportunidades de grandes avanços. Como o crescimento da Groupon tem sido ameaçado pela concorrência, Andrew e sua equipe estão em busca de novas oportunidades. Uma que se mostra promissora é a de negócios via celular com base na localização para consumidores que estão em movimento. Essa iniciativa, Groupon Now, permite que varejistas com estoque perecível (como restaurantes) tragam consumidores para seus estabelecimentos em horários normalmente impopulares. Se der certo, ela acarretará outra enorme aceleração no crescimento. A trajetória da Groupon, em outras palavras, se parece mais com o gráfico da "realidade" a seguir.

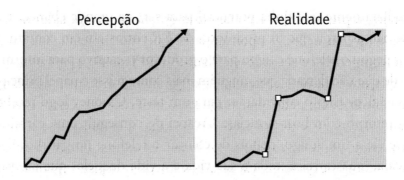

Carreiras, como startups, também são pontuadas por grandes saltos. Em um currículo típico – e mesmo em um perfil do LinkedIn –, há uma lista cronológica inversa de empregos em que já se trabalhou, todos apresentados com o mesmo tipo e tamanho de letra. Mas essa aparência engana. Nossa vida profissional não é uma sequência de empregos igualmente importantes. Existem *grandes chances* de projetos, conexões, determinadas experiências e, sim, até mesmo golpes de sorte – que levam a um excepcional crescimento na carreira.

Considere a notável carreira de George Clooney. Em 1982, o jovem rapaz de Kentucky se mudou para Hollywood, como tantos antes dele, com o sonho de se tornar astro de cinema. Ele tinha algumas coisas a seu favor: boa aparência, algum talento natural, forte ética de trabalho e duas conexões familiares. Mas, em 12 anos de audições, ele havia emplacado apenas algumas aparições ocasionais em programas B de televisão. Clooney estava longe das telas do cinema. Tudo isso mudou em 1994, quando ouviu falar de uma oportunidade, batalhou para agarrá-la e catapultou sua carreira para novas alturas.

A Warner Bros. estava produzindo uma ousada e cara série médica, a toque de caixa, chamada *ER*, que tinha "um roteiro tão empolgante, original e diferente de tudo o que estava na televisão que, se chegasse a ir ao ar, seria um fracasso total ou um sucesso absoluto", conta Kimberly Potts, em seu livro sobre Clooney. Quando um dos amigos de Clooney mostrou a ele uma cópia do roteiro, ele soube imediatamente que tinha potencial para ser sua grande chance. Então, não esperou que os produtores de *ER* entrassem em contato. O ator pegou o telefone e ligou para o produtor executivo para informá-lo de que não deixaria que ninguém mais conseguisse o papel principal de médico. Eles o convidaram para um teste. Clooney logo recebeu um retorno com boas notícias. "Acabei de conseguir uma carreira", disse ele a um amigo, depois de colocar o telefone no gancho. Sem dúvida, "sua carreira, toda a sua vida e a vida daqueles que estavam à sua volta estavam para deslanchar em uma trajetória inteiramente nova".[1] A série foi um sucesso estrondoso. Aproveitando esse sucesso, ele deixou a televisão e saiu em busca do sonho de estar na grande tela. Depois de alguns filmes razoáveis, conseguiu o papel principal em *Irresistível paixão* e, então, o recorde de bilheteria *Onze homens e um segredo*, o primeiro de uma trilogia extremamente bem-sucedida. Em seguida, estava entre os principais astros de Hollywood – em uma fração do tempo que havia levado para conquistar aquele papel no *ER* que virou o jogo.

Então, como Clooney percebeu que o papel em *ER* era sua grande chance? Bem, ele não tinha certeza de que era uma oportunidade única. Você nunca tem certeza. Oportunidades de ouro não vêm em lindos embrulhos com um rótulo em letras graúdas. Mas *ER* tinha algumas características singulares, e ele as aproveitou. Um fator fundamental foi que as outras pessoas envolvidas no programa eram muito competentes – o que sempre é importante. Outro fator é que Clooney nunca havia protagonizado nenhum papel em uma grande série para televisão. Aquele seria um desafio. Uma iniciativa na carreira que exige que você extrapole seus limites o leva a alcançar novas dimensões e costuma trazer consideráveis benefícios.

Há quem possa ficar tentado a achar que a grande chance de Clooney foi apenas um golpe de sorte. Será que o ator estava no lugar certo na hora certa? Sim, e há um elemento de sorte nisso. *Mas você pode desenvolver hábitos de comportamento e hábitos de pensamento que aumentem a probabilidade de se encontrar no lugar certo na hora certa.* Você pode, em outras palavras, deliberadamente aumentar a qualidade e a quantidade de oportunidades de carreira – mesmo que ainda não saiba quais são elas e onde estão.

FIQUE LIGADO: SEJA CURIOSO

Há uma predisposição e uma disposição mental que precisam estar "ligadas" como a eletricidade para fazer todos os outros comportamentos direcionados para a busca de oportunidades funcionarem: a curiosidade. Os empreendedores transbordam curiosidade: eles enxergam oportunidades onde outras pessoas veem problemas, pois, enquanto as outras pessoas apenas reclamam, os empreendedores perguntam *Por quê?* Por que raios este produto/serviço irritante não está funcionando tão bem quanto deveria? Existe uma maneira melhor? Posso ganhar dinheiro com isso? A ideia de Andrew Mason para o The Point veio a ele desta maneira: ele estava tentando cancelar um contrato com uma empresa de celular e estava sendo um aborrecimento tão grande que ele imaginou se uma pressão coletiva de diversos consumidores insatisfeitos forçaria a empresa a ser mais eficiente. Pode-se até dizer que o empreendedorismo começa com o espanto da frustração! Para os empreendedores, essa mistura se traduz em alerta máximo para novas oportunidades de negócios. Para sua carreira, a curiosidade (com ou sem frustração) sobre segmentos, pessoas e empregos o deixará alerta a oportunidades profissionais. É difícil aprender a ser curioso. Mas é algo com que você pode se contagiar convivendo com pessoas extremamente curiosas. E, quando você pegar o vício da curiosidade, será (felizmente) difícil largá-lo.

Quando seus olhos estão abertos e sua curiosidade, estimulada, você pode fazer coisas que aumentam drasticamente seu fluxo de oportunidade, como tirar proveito de redes de pessoas, provocar a aleatoriedade seletiva e enxergar a oportunidade no meio da adversidade. Neste capítulo, vamos explorar cada um desses conceitos e como eles podem ser valiosos para sua carreira. Mas não espere um retorno imediato. Andrew Mason não acordou um dia e criou o Groupon; a oportunidade cresceu a partir de atividades e ideias que já existiam. Clooney não se mudou para Hollywood e, no dia seguinte, conquistou o papel no *ER*. Ele investiu 12 anos de esforço contínuo. Para cultivar, identificar e criar uma oportunidade, é preciso investir incessantemente.

Assim, mesmo que você não tenha um motivo imediato para procurar ativamente por uma oportunidade – mesmo que, digamos, você esteja feliz e animado com seu emprego –, seja como for, é importante continuar gerando oportunidades profissionais. Em parte, isso constrói uma memória de oportunidades: quanto mais você tenta, mais fortalece sua intuição sobre como, onde e por que as oportunidades aparecem em sua carreira. Em parte, porque você nunca sabe quando terá de pivotar para o Plano B e ir atrás de uma nova oportunidade. O LinkedIn automaticamente levanta sugestões de trabalho com base no conteúdo e na localização de seu perfil, e nas qualidades de pessoas como você – e lhe apresenta esses empregos mesmo que você não tenha sinalizado que está à procura de um. Esse recurso foi funcionalmente inspirado em um recrutador que disse: "Todos estão à procura de uma oportunidade, mesmo que não saibam."

COMO ENCONTRAR E GERAR OPORTUNIDADES DE CARREIRA

Provoque a serendipidade e a boa aleatoriedade

No capítulo sobre planejamento e adaptação, vimos como as histórias de duas startups de sucesso e carreiras notáveis raramente cabem em uma narrativa linear, certinha – contrariando a suposição geral

Busque as grandes oportunidades

de que empreendedores (ou profissionais) elaboram um único plano para sua empresa (ou carreira) e depois trabalham incansavelmente e sem desviar o foco para realizar aquele plano –, e como a maioria das empresas e carreiras bem-sucedidas, na verdade, passa por muitas adaptações e iterações. Elas nunca chegam realmente a um destino fixo; é uma viagem sem-fim. Segundo esse modelo, é fácil, olhando para trás, relacionar grandes oportunidades de carreira a um plano original. "E então, como eu sabia que conhecer Nancy seria crucial para o meu sucesso, decidi aleatoriamente trombar com ela em uma festa..." Tá, tudo bem. O que acontece mais frequentemente é que você, sem querer, dá de cara com uma pessoa ou uma ideia. A solução, então, é aumentar as chances de você dar de cara com alguma coisa de valor – isto é, provocando a boa aleatoriedade e enxergando as oportunidades que vão aparecendo por si.

Para John D'Agostino, tudo começou com um encontro por acaso em setembro de 2002, no Hotel Waldorf-Astoria, na cidade de Nova York. D'Agostino tinha ido a um evento promovido pela Italian American Foundation para homenagear Vincent Viola, presidente da NYMEX (New York Mercantile Exchange – Bolsa Mercantil de Nova York). A NYMEX é onde se compram e vendem contratos futuros de produtos energéticos (principalmente petróleo). Bilhões de dólares em transações a tornam a maior bolsa de futuros de commodities físicas do mundo e ela transformou Vincent Viola em um homem realmente poderoso. D'Agostino, na época com vinte e poucos anos, estava no jantar para agradecer à fundação por ajudá-lo a custear sua faculdade de Administração. Os poucos comentários que fez chamaram a atenção de Viola. Mais tarde, Viola deu a D'Agostino seu cartão de visitas e disse: "Veja se consegue um espaço na minha agenda." D'Agostino, como aspirante a magnata, sentiu-se como um jovem que está querendo ser uma estrela do rock se sentiria se Bono oferecesse dar a ele algumas aulas de música de graça. Ele sabia que esta era uma oportunidade que não poderia deixar passar. Seguiu sua

COMECE POR VOCÊ

determinação meticulosamente e, depois de ligar para a secretária de Viola uma dúzia de vezes, finalmente garantiu um almoço com ele. Foi contratado como gerente de projetos especiais na NYMEX, onde preparava o terreno para um intercâmbio de energia com a Autoridade para Desenvolvimento e Investimento de Dubai. No devido tempo, foi promovido a vice-presidente de estratégia na NYMEX (e foi tema de um livro que trazia o subtítulo *The True Story of an Ivy League Kid Who Changed the World of Oil, from Wall Street to Dubai*. Algo de relevo para um encontro casual.

Serendipidade é uma palavra fascinante que usamos para descrever boa sorte acidental. Um romancista inglês chamado Horace Walpole cunhou a palavra para descrever um fenômeno que observou inicialmente em uma antiga fábula persa intitulada "Os Três Príncipes do Serendip". Na história, o rei envia seus três filhos em uma jornada para terras distantes. Os príncipes encontram alguns problemas; em certo ponto, são acusados de roubo. Porém, eles têm um insight e um raciocínio tão impecáveis (ao se defenderem das acusações de que roubaram um camelo) que o pai deles e outros governantes decidem dar-lhes a oportunidade de se tornar governantes e reis. Em uma carta enviada a um amigo, Walpone diz que "serendipitosos" é como ele se refere à boa sorte acidental dos príncipes de Serendip: eles tiveram sorte, com certeza, mas também agiram com sabedoria e sensatez transformando os contratempos em oportunidades. Ganhar na loteria é pura sorte. Serendipidade compreende o estado de prontidão para eventuais oportunidades e saber tirar proveito delas.

Mesmo assim, ainda que você esteja curioso e atento, as oportunidades não vão cair no seu colo. Praticamente todo caso de serendipidade e oportunidade envolve alguém fazendo alguma coisa. D'Agostino compareceu a um evento e se tornou disponível e receptivo para as pessoas poderosas que conheceu. Clooney estava tentando conseguir papéis. Andrew Mason, da Groupon, estava persistindo

Busque as grandes oportunidades

em um site. Na fábula persa, os príncipes de Serendip "não estavam vadiando pela vida afora, em luxúria no Sri Lanka, em um confortável sofá de algum palácio. Eles estavam em movimento, explorando, viajando extensivamente, quando encontraram sua acidental boa sorte", diz James Austin em seu livro *Chase, Chance, and Creativity*.[2] Há uma razão pela qual a história que inspirou a palavra *serendipidade* envolve exploração e jornadas. Você não vai encontrar boa sorte acidental – não vai dar de cara com oportunidades que impulsionam sua carreira para cima – se estiver deitado na cama. Quando você *faz alguma coisa*, remexe o caldeirão e adiciona a possibilidade de ideias, pessoas e lugares aparentemente aleatórios se encontrarem e formarem novas combinações e oportunidades.[3] Se estiver em movimento, você está formando uma teia tão ampla e tão alto quanto possível para conseguir pegar quaisquer oportunidades interessantes que estiverem em seu caminho.

É fácil dizer que você deveria estar em movimento – mas ir para onde especificamente? Sugerimos algumas ações específicas no final deste capítulo, mas provocar a aleatoriedade pode ser tão simples quanto estender sua próxima viagem em um dia para visitar uma cidade diferente e encontrar-se com amigos de amigos ou ir a um encontro para jantar com pessoas que você não conhece. Ou então apanhar para ler uma revista que não costuma ler.

Evidentemente, seguir em *qualquer* direção não seria sensato. Viajar de mochila por Darfur, por exemplo, geraria aleatoriedade do tipo errado. Mas, se o objetivo é provocar boa aleatoriedade, você também não deve estar *direcionado* demais no seu movimento. Na maior parte do tempo, você não sabe quando, onde e como a oportunidade vai bater à sua porta. Em qual conferência acidentalmente esbarrará em um amigo de sua mãe que está fazendo contratações para seu consultório médico neste verão? Que produtor de Hollywood vai retornar seu enésimo recado e solicitar uma cópia do seu roteiro? Um repórter célebre poderia começar a acompanhá-lo no Twitter e passar a ligar para você pedindo declarações? Não há jeito de saber com certeza. Então mantenha a cabeça aberta, mas estabeleça parâmetros inteligentes. Você pode ir a uma conferência e abordar pessoas aleatoriamente; melhor ainda, pode ir a uma conferência, identificar alguém que você sabe que é interessante e aproximar-se das pessoas com quem vê que a pessoa interessante está conversando. Você está provocando aleatoriedade, mas também está usando estratégia.

Como sempre, seja você mesmo, acima de tudo. Faça as coisas que acha que irão beneficiá-lo – as coisas que vão ao encontro de sua vantagem competitiva e de cada uma das três peças do quebra-cabeças. Ir a festas é uma maneira óbvia de se expor ao mundo, mas, se você não gosta de festas, não vá a elas.

Como diz o empreendedor Bo Peabody, "o melhor meio de assegurar que as coisas boas aconteçam é garantir que muitas coisas aconteçam".[4] Faça as coisas acontecerem e, mais cedo ou mais tarde, vai projetar sua própria serendipidade e criar as próprias oportunidades.

Conecte-se a redes humanas: grupos e associações de pessoas

As oportunidades não pairam como nuvens. Elas estão firmemente atreladas aos indivíduos. Se você está procurando por uma oportunidade, está, na verdade, procurando por *pessoas*. Se está avaliando uma oportunidade, você está, na verdade, avaliando *pessoas*. Se está tentando reunir recursos para ir em busca de uma oportunidade, está, na verdade, tentando conseguir o apoio e o envolvimento de outras *pessoas*. Uma empresa não lhe oferece um emprego; são as pessoas que o fazem.

Busque as grandes oportunidades

No capítulo anterior, discutimos como construir uma rede de alianças profissionais de laços mais fracos, pontes. Agora, gostaríamos de explorar como as oportunidades fluem por esses grupos de pessoas. Os que têm boas ideias e informações tendem a ficar juntos. Você vai sair na frente se puder acessar os círculos que oferecem as melhores oportunidades. É assim que as pessoas se promovem há séculos.

Retroceda o relógio para mais de 200 anos no passado. Em 1765, Joseph Priestley, jovem clérigo e cientista amador, estava conduzindo experimentos em seu laboratório improvisado na região campestre inglesa. Ele era excepcionalmente inteligente, mas isolado de seus semelhantes, até que, num dia de dezembro, fez uma viagem para Londres com o intuito de participar do Club of Honest Whigs. Fruto da imaginação de Benjamin Franklin, o clube era como uma versão do século XVIII de grupos de networking hoje existentes. Franklin, que estava na Inglaterra promovendo interesses das colônias americanas, reunia seus amigos e grandes pensadores no Coffee House de Londres em quintas-feiras alternadas. Suas discussões sobre ciência, teologia e política, entre outros assuntos, eram livres e refletiam o ambiente do café. Priestley participou da reunião porque desejava obter feedback para a ideia de um livro sobre o progresso dos cientistas na compreensão da eletricidade. Ali, recebeu muito mais do que feedback. Franklin e seus amigos se entusiasmaram com Priestley: ofereceram abrir suas bibliotecas científicas pessoais para ele. Eles se ofereceram para revisar os rascunhos de seu manuscrito. Ofereceram sua amizade e seu apoio. Categoricamente, Priestley correspondeu do início ao fim: ele estava decidido a propagar suas ideias e descobertas pela rede social e, assim, fortalecer as ligações interpessoais, apurando as ideias propriamente ditas, e aumentar as chances de que suas novas conexões o ajudassem a explorar quaisquer oportunidades que encontrasse. Em resumo, a noite de Priestley no café alterou, de forma significativa, a trajetória de

COMECE POR VOCÊ

sua carreira (de forma muito semelhante a como o papel em *ER* fez com Clooney). De acordo com o autor Steven Johnson em seu livro *A invenção do ar* (Rio de Janeiro: Zahar, 2009), Priestley saiu do semi-isolamento para se conectar à "rede de relacionamentos e colaborações que já existia e que o ambiente do café colocou a seu alcance".[5] Ele seguiu em frente e teve uma ilustre carreira como cientista e escritor, memoravelmente descobrindo a existência do oxigênio. O London Coffee House passou a ser "um centro conversor de inovação na sociedade britânica".[6]

Essa não foi a primeira vez que Franklin reuniu amigos para discussões regulares. Quarenta anos antes, ele convencera 12 de seus "mais talentosos" amigos (como se referiu a eles em sua autobiografia) para formar um clube dedicado ao aprimoramento conjunto na Filadélfia. Encontrando-se uma noite por semana, esses rapazes sugeriam livros, ideias e contatos uns para os outros. Encorajavam o aprimoramento pessoal por meio de discussões em filosofia, moral, economia e política. Chamavam o clube de Junto. O clube se tornou um foro privado para brainstorming e um instrumento de serendipidade para liderar a opinião pública. O grupo gerou um grande volume de ideias, tais como a primeira biblioteca pública, os corpos de bombeiros voluntários, o primeiro hospital, os departamentos de polícia e as ruas pavimentadas. Eles também colaboravam entre si para tirar proveito das oportunidades. Por exemplo, uma ideia que surgiu no Junto era a necessidade de uma instituição de ensino superior de Artes Liberais que combinasse estudo dos clássicos a conhecimento prático. Franklin se uniu com o colega William Coleman, membro do Junto, e a vários outros para iniciar o que agora é a University of Pennsylvania. Foi a primeira universidade multidisciplinar da América.

Benjamin Franklin é muitas vezes lembrado como alguém motivado, autodidata e imensamente inventivo – um empreendedor em seu mais alto grau. Mas o que é mais empreendedorístico a respeito

Busque as grandes oportunidades

de Franklin tem menos a ver com suas características e seus talentos pessoais e mais com a maneira como apoiou os talentos de outras pessoas. Franklin acreditava que, se reunisse um monte de pessoas inteligentes em uma atmosfera tranquila e desse espaço para a convergência, boas oportunidades iriam surgir. Ele deu partida a uma tendência que o escritor francês Alexis de Tocqueville registrou em *A democracia na América* (São Paulo: Martins Fontes, 2000), sua clássica avaliação de 1835 dos Estados Unidos, então um país jovem: nada era mais característico na América do que a inclinação das pessoas para formar associações em torno de interesses, causas e valores.

No início do século XIX, houve o boom das networks. Perto de sua morte, J. P. Morgan – um dos mais empreendedores e homens de negócios da época – pertencia a quase 24 associações diferentes. Um advogado de Chicago chamado Paul Harris pode não ser famoso como Morgan, mas o impacto que causou é possivelmente comparável. Em busca de clientes para seu escritório de advocacia e de uma solução para sua solidão, ele reuniu um grupo de pessoas envolvidas com negócios locais que poderiam ajudar umas as outras em suas carreiras e desfrutar da amizade entre si. Eles chamaram o grupo de Rotary porque alternavam entre os membros o local no qual se encontravam. À medida que o clube cresceu em tamanho, para manter a informalidade, eles multavam membros que se dirigissem a outros membros por qualquer designação que não fosse o primeiro nome. Nenhum sobrenome, título ou "senhor" era permitido.[7] Hoje, há mais de 1,2 milhão de membros extraordinariamente engajados em 30 mil Rotary Clubes em todo o mundo.

No último quarto do século XX, redes informais ainda proliferavam, particularmente em alguns dos grandes centros de inovação do país. Em 1975, um grupo de entusiastas por microcomputadores formou na Bay Area o Homebrew Computer Club e convidou aqueles

COMECE POR VOCÊ

que compartilhavam de seus interesses em tecnologia para "vir a uma reunião de pessoas com interesses em ideias afins. Trocar informações, fazer intercâmbio de ideias, ajudar a trabalhar em um projeto, o que fosse".[8] Quinhentos *nerds* se juntaram e, dentre eles, 20 abriram empresas de computadores, incluindo Steve Wozniak, um dos fundadores da Apple. Homebrew ajudou a estabelecer o modelo singular do Vale do Silício de divulgação de oportunidades e informações por meio de redes informais (o que discutiremos no capítulo sobre Inteligência de Rede).

Pequenas redes informais são ainda especialmente eficientes na circulação de ideias. É por isso que ainda temos reuniões de pais e professores locais e grupos de ex-alunos das escolas. Grupos de leitores. Clubes de apicultura. Encontros do setor e conferências. *Se você quiser aumentar a quantidade de oportunidades a que tem acesso, afilie-se e participe de tantos grupos e associações quanto possível.* Se não sabe por onde começar, visite o site www.meetup.com. O Meetup ajuda 90 mil grupos interessados em 45 mil cidades a organizar eventos e a reunir pessoas com ideias afins. Scott Heiferman, CEO do Meetup, diz que o "FVM está virando FNM: Façamos Nós Mesmos. Mais pessoas estão contando umas com as outras para realizar seus projetos".* Isso é o **Eu**[Nós] em ação. Ben e eu participamos de inúmeras conferências e eventos do Meetup. Na verdade, nós nos conhecemos em um retiro pouco convencional que reúne 100 indivíduos uma vez ao ano para discutir assuntos que variam entre ciência, política e filosofia prática. Sem palestrantes, sem painéis – apenas brainstorming e networking na atmosfera informal de Sundance, em Utah.

Para potencializar suas experiências em encontros, pode ser necessário um pouco de criatividade. Chris Sacca conhece razoavelmente

---

* *Nota da Tradutora*: Do inglês "DIY is becoming DIO, Do It Yourself is becoming Do It Ourselves".

Busque as grandes oportunidades

o assunto. Hoje ele investe em startups de tecnologia. Mas antes de ser investidor e antes de trabalhar no Google, ele era um advogado desempregado sem dinheiro para pagar os empréstimos que fizera para pagar a faculdade. Chris começou entrando pela porta dos fundos do networking e dos eventos do setor tecnológico, usando sua habilidade com o espanhol para convencer os funcionários da cozinha a deixá-lo entrar. Quando percebeu que entregar seu cartão de visitas, que levava apenas seu nome, às pessoas que ia conhecendo não estava surtindo efeito algum, elaborou um plano brilhante para aumentar sua credibilidade nos eventos a que comparecia: criar uma empresa de consultoria e empregar a si mesmo. Ele fez novos cartões de visita e contratou um programador para construir um site, e encarregou um amigo de inventar um logotipo. Então, foi aos mesmos eventos de networking com seus novos cartões de visitas, onde agora se lia "Chris Sacca, diretor, Salinger Group". De repente, as pessoas estavam interessadas em falar mais. Por meio dessas conexões, ele finalmente conseguiu um cargo executivo em uma empresa de infraestrutura de acesso à internet e sua carreira deslanchou.

Você não precisa abordar grupos sempre como um estranho. Há uma grande quantidade de redes ao seu alcance às quais você já pertence – é preciso apenas ser um pouco criativo. Lembre-se dos grupos de ex-alunos. As associações de colegial e faculdade são certamente boas fontes de oportunidades. Mas você também é bacharel pelas *organizações* em que já trabalhou.

Minha participação em um grupo extraordinário de ex-alunos corporativos no Vale do Silício abriu portas para várias grandes oportunidades. Depois que o eBay adquiriu o PayPal, todos os membros da equipe executiva do PayPal voltaram-se cada um para um novo projeto, mas permaneceram conectados, investindo nas empresas uns dos outros, contratando uns aos outros, compartilhando espaços em escritórios e fazendo coisas do gênero. Sem obrigações para os membros, sem apertos de mão secretos, sem reuniões mensais; somente uma colaboração informal. Ainda assim, essas conexões geraram alguns dos projetos mais bem-sucedidos do Vale do Silício. Por esse motivo, o grupo passou a ser chamado de "a máfia do PayPal".

O que tem essa rede que a torna uma fonte de oportunidades tão excepcionalmente rica?

Busque as grandes oportunidades

Primeiro, cada indivíduo é um profissional de alta qualidade. Isso é fundamental: um grupo é apenas tão bom quanto seus membros. A rede é apenas tão boa quanto seus elos. Avalie um grupo avaliando as pessoas individualmente.

Segundo, a gangue tem algo em comum – as experiências compartilhadas no PayPal e os interesses e valores que levaram todos até lá. As experiências compartilhadas levaram à confiança, que, por sua vez, conduziu ao compartilhamento das informações e oportunidades. Todas as redes ricas em oportunidades têm um denominador comum. Os participantes de conferências estão todos interessados no assunto da conferência; uma congregação de uma igreja compartilha uma fé; os membros do Junto de Franklin eram todos curiosos intelectualmente.

Terceiro, existe uma densidade geográfica. A colaboração é favorecida quando as informações e ideias podem rapidamente ir e vir, a partir de um dos interessados até todos os demais, de preferência no mesmo espaço físico. Foi por isso que Franklin reuniu um pequeno grupo de amigos em uma única sala na Filadélfia e em um único café em Londres. Era por isso que, inicialmente, os Rotary Clubes restringiam a 12 o número de membros. É por isso que a conferência em que Ben e eu nos conhecemos é realizada em uma estância cercada em uma cidade pequena.

Quarto, há um forte espírito de compartilhamento e cooperação. Para uma rede ter valor, todos têm de querer investir nessa rede injetando nela informações e ideias. Em seu livro no qual explica como as empresas de semicondutores da Califórnia suplantaram as de Boston nos anos 1980, AnnaLee Saxenian, da UC Berkeley's School of Information, diz que os empreendedores da Costa Oeste tendiam a compartilhar suas descobertas com outras pessoas, até mesmo com seus concorrentes, no espírito de progresso coletivo. No grupo do PayPal, há uma dinâmica semelhante. As pessoas

COMECE POR VOCÊ

mantêm contato e colaboram entre si, mesmo nos casos em que há concorrência (por exemplo, existem vários capitalistas de risco que às vezes disputam os mesmos negócios). Uma das maiores oportunidades da minha carreira foi a chance de abrir o LinkedIn em 2003. Meros cinco meses depois que o eBay adquiriu o PayPal, eu havia reunido uma equipe de seis pessoas trabalhando em período integral em um escritório.

Consegui tirar a empresa do chão tão rápido porque contava com uma rede de amigos que me ajudaram a fundá-la, empregados iniciais e investidores. Pedi a dois ex-colegas da Socialnet, um ex-colega de turma e um ex-colega da Fujitsu para fundarem a empresa comigo. Peter Thiel e Keith Rabois, da máfia do PayPal, e alguns outros poucos investiram no negócio. Um ex-colega do PayPal até disponibilizou o primeiro escritório para o LinkedIn. Uma fundação perfeita para um negócio que divulga o slogan RELACIONAMENTOS SÃO IMPRESCINDÍVEIS.

Recapitulando algumas das qualidades da máfia do PayPal: pessoas de alta qualidade, um vínculo em comum, espírito de compartilhamento e cooperação e concentração em uma região e setor. Isso torna o grupo rico em fluxo de oportunidades e os mesmos fatores fazem qualquer rede ou associação valer a pena.

Finalmente, a única coisa melhor do que formar grupos é abrir sua própria empresa. Comece sua própria máfia – seu próprio grupo, encontro ou associação com as características da máfia do PayPal. Uma vez por ano, participo da organização de um evento que batizei de Weekend to Be Named Later (fim de semana que ainda será definido), um encontro de amigos ambiciosos inspirado em Franklin, para debater ideias de como mudar o mundo. Desde 2006, Ben vem coordenando um Junto à semelhança do original de Franklin: duas dúzias de pessoas (principalmente do setor da tecnologia) se encontram regularmente na hora do almoço para falar de trabalho. Os

Busque as grandes oportunidades

encontros são orientados, ainda que informais, como os de Franklin. Uma atmosfera descontraída encoraja as pessoas a serem francas e a se arriscarem intelectualmente, o que acaba levando à geração de ideias melhores e mais interessantes. O encontro nem precisa ser regular. Organizar um *brunch* no sábado com uma dúzia de ex-colegas de trabalho da empresa anterior só traz benefícios. E não se esqueça: quando você for o criador e o eixo principal do grupo, é como sentar-se perto da quadra em um jogo de basquete: você não perde nada.

Steve Johnson diz: "A probabilidade favorece a mente conectada." Conecte sua mente a tantas redes quanto Benjamin Franklin, Joseph Priestley, J. P. Morgan e outros, e você estará um passo mais próximo de localizar e agarrar aquelas oportunidades de virar o jogo que dão origem a grandes carreiras.

Vá a luta

Não importa em que ponto você esteja de sua carreira, há momentos em que se vê num beco sem saída. Tem horas que parece que você não vai chegar a lugar algum. Períodos em que lhe faltam aliados ou dinheiro, ou ambos. Horas em que ninguém bate à sua porta para convidá-lo para coisa alguma. Essas situações requerem a estratégia de geração de oportunidade mais empreendedorística deste capítulo: ir à luta. (*Sair dando golpes* é errado, mas *ir à luta* é tudo de bom.) Muitas das pessoas que conhecemos neste livro tiveram de lutar por oportunidades de carreira. Por exemplo, quando Mary Sue Milliken estava tentando conseguir um emprego no Le Perroquet, o sofisticado restaurante em Chicago, escreveu uma carta para o dono a cada três ou quatro dias por duas semanas até que ele a contratou (ganhando $3,25 por hora). Se a lista de atribuições do trabalho dizia para começar às 8 horas, ela chegava ao restaurante às 5h30 todos

COMECE POR VOCÊ

os dias.[9] É desse espírito que estamos falando quando nos referimos a ir à luta, e sua habilidade de fazer isso bem pode constituir uma vantagem competitiva. Os empreendedores, sempre trabalhando com limitações, são os reis e as rainhas da luta, e os melhores exemplos de ação em combate.

Seja inventivo: se não encontrar uma cama para dormir, faça uma

Aconteceu em janeiro de 2008. Os fundadores da Airbnb, Joe Gebbia, Brian Chesky e Nathan Blecharczyk, tinham um problema: estavam quebrados. Eles abriram a "Air Bed and Breakfast" pensando que qualquer pessoa que tivesse um colchão de ar, um sofá ou uma cama extra, seria capaz de ganhar dinheiro alugando o espaço para temporadas. Não era má ideia. Por exemplo, durante a Convenção Nacional Democrata, em Denver, no Colorado, Barack Obama discursou em um estádio da Liga Nacional de Futebol Americano que comportava 80 mil pessoas em uma cidade que dispunha de um total de 27 mil quartos de hotel, que rapidamente foram tomados. Milhares de partidários dos Democratas brigavam para encontrar um lugar para dormir. Usando o Airbnb.com, os moradores de Denver absorveram o excesso da demanda alugando suas camas e sofás para os visitantes. Infelizmente, embora o site tenha atingido um pico em volume de acessos durante o ocasional grande evento ou conferência, nunca registrou transações diárias suficientes para tornar o negócio rentável. Para saldar o rombo deixado pela diferença entre renda e despesas, os fundadores usaram os limites de quatro cartões de crédito e acabaram com todas as suas economias.

Mas eles ainda acreditavam na ideia, e queriam ganhar mais tempo para encontrar um meio de acertar o negócio. Então fizeram o

Busque as grandes oportunidades

que qualquer empreendedor que vai à luta faria: venderam cereais. Pegando carona na febre da eleição presidencial, os fundadores mobilizaram suas conexões da Rhode Island School of Design (Faculdade de Desenho de Rhode Island) e desenvolveram caixas de cereal com designs personalizados com as marcas Obama O's (O Cereal da Mudança) e Capn' McCains (Um Independente em Cada Bocado). Eles montaram as caixas na cozinha de casa, encheram-nas com cereal e as venderam pela internet por US$40 a unidade. Chesky lembra-se de sua mãe ligando para ele e perguntando: "Então agora você está dirigindo uma empresa de cereais?" Não, eles só precisavam de dinheiro – qualquer quantia já era útil. A CNN colocou no ar uma reportagem sobre as iguarias da temporada de eleições, e não demorou para que eles vendessem todo o estoque de Obama O's, o que lhes rendeu um lucro de US$20 mil.

O dinheiro extra no banco lhes rendeu tempo suficiente para descobrirem como aumentar e manter um número suficiente de consumidores para gerar lucro constante. E seu dinamismo impressionou tanto os investidores que eles puderam aumentar o financiamento externo, inclusive um investimento Série A que fiz pela Greylock. Desde então, centenas de milhares de viajantes satisfeitos têm alugado camas de colchão de ar de algum hospedeiro.

É difícil captar a essência do dinamismo, mas a maioria de nós sabe quando a encontra. Quando o CEO da Amazon, Jeff Bezos, estava à procura de uma esposa, disse aos amigos que estavam arrumando encontros para ele e que, na verdade, ele queria uma mulher inventiva. Mas eles não entenderam. Então Bezos lhes disse: "Quero uma mulher que possa me ajudar a escapar de uma prisão de Terceiro Mundo!" Aí eles entenderam.[10] Os rapazes do Airbnb, se precisassem, provavelmente seriam capazes de escapar de uma prisão de Terceiro Mundo.

COMECE POR VOCÊ

Seja flexível: quando os do contra falarem alto, aumente a música

Tim Westergren deve ser o homem mais flexível do Vale do Silício. Ele teve a inspiração de começar o negócio de rádio pela internet Pandora ainda em 1999, depois de ouvir que a Geffen Music desligara a cantora Aimee Mann de seu selo porque ela não tinha quantidade suficiente de fãs pagantes. Westergren acreditava que, se Aimee Mann estivesse associada a artistas muito parecidos, porém mais conhecidos em um diretório on-line, sua popularidade cresceria. Ele criou o Music Genome Project, em que especialistas analisam as músicas, uma a uma, em volumes de 200 a 400, e então recomendam aos usuários novas músicas e artistas com base nas músicas e nos artistas de que já gostavam. O sucesso único de Mann, "Save Me", por exemplo, contém um "uso delicado de cordas" e uma "mistura de tonalidades maiores e menores" e, portanto, no Pandora se correlaciona com "Fallen", de Sarah McLachlan, que se caracteriza por um instrumental similar.

Legiões duvidaram do Pandora. Você vai fazer os especialistas ouvirem centenas de milhares de músicas e, individualmente, atribuírem centenas de características a elas? Você vai negociar com gravadoras para baixar músicas que têm direitos autorais para a Web em streaming? Você vai plantar um negócio de internet nas cinzas do fiasco das pontocom? *Porr-favorr*. E, por nove anos, os incrédulos estiveram com a razão.

Westergren deu início ao Pandora durante o boom das pontocom, com uma injeção de dinheiro de investidores. Mas, quando a bolha estourou, levantar mais dinheiro para impedir que a empresa afundasse se tornou impossível, dada a volatilidade do setor musical e da economia letárgica. Ele começou a se reunir com seus cinquenta e poucos empregados a cada duas semanas, implorando a eles que

Busque as grandes oportunidades

trabalhassem sem pagamento por mais duas semanas. No final de 2002, ele chegou a seu escritório e encontrou um aviso de despejo na porta. No fim de 2003, quatro ex-empregados o processaram pelos vencimentos não pagos. Em março de 2004, depois de fazer mais de 300 tentativas de conseguir venture capitalists, ele convenceu a Walden Venture Capital a fazer um investimento de US$9 milhões. Em 2005, ainda sem obter lucro, ele mudou o modelo do negócio para contar com o dinheiro de anúncios e não depender de assinantes. Isso ajudou por algum tempo, até março de 2007, quando o Copyright Royalty Board (Conselho de Royalty e Direitos Autorais) federal aumentou os valores que as estações de rádio on-line deveriam pagar pelos selos, uma medida que ameaçou aumentar os custos operacionais em 1.000%. "Do dia para a noite, nosso negócio quebrou", conta Westergren. "Chegamos a cogitar tirar o plugue da tomada."[11] Mas a equipe flexível formou parceria com outra empresa de rádio de internet e liderou a iniciativa de fazer um lobby pesado em Washington para estender o período em que poderiam negociar com selos. Os usuários de Westergren inundaram o congresso com e-mails e ligações telefônicas; ele calcula que cerca de 1 milhão de e-mails ou ligações lutando contra o aumento dos custos foram enviados aos legisladores.

Em 2009, muito tempo depois de o Pandora ter sido relegado ao "acervo morto" das startups do Vale do Silício, os artistas e os selos das gravadoras fecharam um expressivo acordo de participação da renda com as emissoras on-line, como o Pandora, pondo um fim à questão dos *royalties*. Pouco depois, David Sze da Greylock fez um novo investimento na empresa e juntou-se ao conselho. Até o final de 2010, o Pandora oferecia mais de 700 mil músicas em sua biblioteca e tinha conseguido um rendimento de US$100 milhões. A empresa fez uma IPO (oferta pública inicial de ações) em 2011.

COMECE POR VOCÊ

Durante quase 10 anos, o Pandora levou socos e pontapés de processos, legislação desfavorável e ameaça constante de falência. De maneira notável, Tim e sua equipe suportaram a pressão, buscando uma oportunidade de mudar o jeito como as pessoas encontram e escutam música. A flexibilidade e a perseverança os mantiveram no jogo, e elas podem fazer o mesmo por você em sua carreira.

Ambas as equipes, tanto a Airbnb quanto a Pandora, estavam em certo momento operando com severas limitações de recursos. Elas não tinham dinheiro. Elas não tinham know-how. Elas não tinham conexões. Não tinham empregados, consultores ou parceiros. Mas essas restrições tremendamente negativas poderiam ter aumentado sua capacidade de gerar oportunidades imperdíveis? Provavelmente. Quando você não tem recursos, você os cria. Quando não tem escolha a não ser ir à luta, você vai à luta corajosamente. Quando não tem escolha a não ser criar, você cria. Caterina Fake, uma das fundadoras do Flickr, diz que, "quanto menos dinheiro você tem, menos pessoas e recursos você tem, mais criativo tem de ser". Seja inventivo ou pereça. As startups tendem a superar empresas grandes com inovações revolucionárias por este motivo: se a Microsoft ficar um ano sem ir à luta, ainda terá bilhões de dólares no banco; se a startup não for à luta, para ela é fim do jogo. Se você quiser descobrir quanto pode ser criativo, reduza seu orçamento. Encurte seus prazos. Veja como se sai. Isso pode torná-lo mais flexível para verdadeiras adversidades que inevitavelmente aparecem.

. . .

Vender cereais para custear um catálogo on-line de sofás e colchões de ar disponíveis? Inundar o Congresso com 1 milhão de e-mails e telefonemas para reverter uma lei que levaria sua empresa à falência? Chame de dinamismo, flexibilidade, coragem ou ir à luta – chame

Busque as grandes oportunidades

como quiser, é o modo empreendedorístico de criar oportunidades para si mesmo em tempos difíceis. Ir à luta não se aprende lendo um livro. Mas você pode ser inspirado a fazer isso com mais frequência. E, como a maioria das estratégias mencionadas neste livro, quanto mais você for à luta, mais natural vai ficando.

Eric Barker é um homem que dá um exemplo de como ir à luta de modo empreendedorístico em sua carreira, e ele nunca abriu uma empresa e nunca morou no Vale do Silício. Depois de uma década trabalhando como roteirista em Hollywood, Eric decidiu voltar a estudar e fazer seu MBA. Ele fazia bastante sucesso em Hollywood – inclusive trabalhava para os melhores estúdios, como a Disney –, mas queria adquirir habilidades em gerenciamento. Assim, no outono de 2007, Eric se matriculou na faculdade de Administração do Boston College, onde completou todas as matérias, e fez um estágio na Nintendo durante o verão. No outono seguinte, ele começou a procurar emprego em nível gerencial.

Então a economia ruiu. É lógico que ele tinha um currículo esplêndido e diplomas que chamavam a atenção, de boas faculdades, mas nada disso parecia fazer diferença para os potenciais empregadores. Todos eles diziam que queriam alguém com uma formação mais forte em finanças. Cinco meses depois, ainda sem oportunidades de emprego à vista, ele publicou um anúncio no Facebook direcionado a outros usuários empregados em cinco empresas: Microsoft, Apple, Netflix, Youtube e IDEO (uma empresa de consultoria em inovação e design com sede em Palo Alto). O anúncio trazia sua foto, seu título e o seguinte texto: "Olá, meu nome é Eric e meu sonho é trabalhar para a Microsoft. Sou MBA/MFA* com forte formação em mídia. Você pode me ajudar? Por favor, clique!"

---

* *Nota da Tradutora*: MBA (Master in Business Administration – Mestre em Administração de Empresas); MFA (Master of Fine Arts – Mestre em Belas-Artes).

COMECE POR VOCÊ

Eric não acreditava que alguém realmente fosse clicar, então você pode imaginar a surpresa dele quando, dentro de semanas, sua caixa de correio estava cheia de e-mails com incentivos de desconhecidos e, ainda melhor, com os nomes das pessoas que elas conheciam na Microsoft. Em pouco tempo, a história de Eric chegou à blogosfera. Numa virada impressionante, Eric foi à luta para conseguir chamar a atenção... para sua luta. Ele enviou mais de 100 e-mails para vários veículos de comunicação e blogueiros contando a história de que publicara um anúncio em uma rede social à procura de um emprego. Não demorou e o anúncio podia ser encontrado em todos os lugares, do *The Boston Globe* ao *The Baltimore Sun*.

Seu anúncio foi visto mais de 50 mil vezes e acumulou 500 cliques, gerando 20 e-mails de recrutadores oferecendo-se para enviar seu currículo a pessoas que queriam conectar-se pelo LinkedIn para saber mais sobre ele. Com certeza, ele estava recebendo bastante atenção, mas ainda não tinha um emprego. Então, em junho de 2009, aproximadamente seis semanas depois de colocar o anúncio, a maré virou: Eric recebeu aquele e-mail tão esperado de um recrutador da Microsoft. Embora tenha acabado não indo para a Microsoft – no fim, ele conseguiu emprego em uma empresa especializada em design de vídeo por meio da apresentação de um de seus professores da faculdade de Administração –, a experiência toda lhe ensinou algo importante. Usando uma analogia de seu passado, ele nos descreveu o insight que desencadeou esses eventos: "O departamento de RH age como os soldados do filme *300*, segurando a linha de frente. Eles não têm poder algum para dizer 'sim', mas um enorme poder para dizer 'não'. O trabalho deles é impedir que você entre. Um jeito de passar por cima deles é conseguir ser apresentado às pessoas que podem dizer 'sim'. Foi isso o que fiz – fui à luta."

• • •

Busque as grandes oportunidades

Oportunidades extraordinárias vêm e vão – se você não aproveitá--las, irá perdê-las. Depois do negócio do eBay/ PayPal em 2003, eu pensava em tirar um ano e pouco de folga para viajar. Para esvaziar minha cabeça e planejar o ano seguinte, primeiro passei duas semanas de férias na Austrália. Enquanto estava lá, refleti sobre o momento – e concluí que eu precisava voltar ao Vale do Silício e abrir uma empresa voltada para os consumidores de internet o quanto antes. Havia uma brecha que eu não podia deixar passar. Um dos motivos era que as condições do mercado estavam perfeitas. Havia muitas inovações ainda para serem lançadas para o consumidor de internet, embora muitos empreendedores (possíveis concorrentes) e investidores estivessem preferindo ficar do lado de fora, com medo do colapso das pontocom. Mas eles não iriam ficar de fora para sempre. Além disso, minha rede estava saindo forte da vitória do PayPal, e eu poderia arrecadar recursos relativamente rápido para conseguir abrir uma nova empresa.

Com isso, aprende-se que as grandes oportunidades raramente se encaixam na sua programação. Seria ótimo se você conseguisse aquele emprego formidável justamente quando estivesse pensando em sair do emprego atual. Seria ótimo se aquela entrevista exclusiva coincidisse com a semana em que, por acaso, seu chefe estivesse fora. Em geral, essas oportunidades aparecem em momentos complicados e inoportunos. Na maioria das vezes, você estará no meio de um plano diferente – por exemplo, prestes a partir para uma viagem pelo mundo.

E, além de ser inconveniente, a oportunidade que você gera ou encontra provavelmente estará repleta de ambiguidade e incerteza. Muitas vezes, não estará completamente claro que aquela é melhor do que a outra oportunidade. Você pode se sentir tentado a "manter suas opções abertas" e continuar a mastigar as coisas, ao contrário de aproveitar a brecha que você pensa que identificou ou criou. Isso seria

COMECE POR VOCÊ

um erro. "Manter suas opções abertas" é quase sempre mais arriscado do que se comprometer com um plano de ação.

Muitos fracassos em resultados podem ser atribuídos a pessoas que tentam manter suas opções abertas. Como meu pai costumava me dizer, *tomar decisões reduz oportunidades de curto prazo, mas aumenta as oportunidades de longo prazo.* Para avançar em sua carreira, você tem de se *comprometer* com determinadas oportunidades como parte de um plano iterativo, a despeito da dúvida e da inconveniência.

Se não for agora, quando será?

Busque as grandes oportunidades

INVISTA EM SI MESMO

No dia seguinte:

- Reserve um tempo para a aleatoriedade. Deliberadamente, limite seu número de compromissos em um dos dias da semana para ler um livro, levar um colega de trabalho de um departamento diferente para almoçar ou comparecer a uma palestra ou seminário em um campo diferente, mas relacionado ao seu.

- Convide a pessoa mais curiosa que você conhece para almoçar e deixe-se contagiar por sua capacidade de se admirar.

Na próxima semana:

- Encontre um evento ou algumas conferências do setor e compareça nos próximos seis meses.

- Escolha um dos próximos dias para ser o "dia do sim".

- As oportunidades estão atreladas às pessoas. Identifique as pessoas em sua rede que sempre parecem ter em mãos os números de telefone mais interessantes. Tente compreender o que as torna centros de oportunidades e determine-se a conhecer mais pessoas com essas características.

COMECE POR VOCÊ

No próximo mês:

- Organize seu próprio grupo ou associação. Talvez um almoço regular ou um único encontro – o importante é reunir amigos para compartilhar ideias e recursos. Arme um simples wiki* ou use os grupos ou eventos do LinkedIn para organizar e compartilhar os detalhes.

- Assine revistas, como a *Wired* ou a *MIT Technology Review*, e outras desse tipo – elas fornecem uma visão rápida das tendências. Descubra quais de seus amigos gostam de usar tecnologia de ponta. Para quê? Para compreender como as tendências tecnológicas, econômicas ou sociais podem criar ondas de novas oportunidades.

Inteligência de rede

Tenha uma conversa franca com seus aliados sobre como colaborar para encontrar, gerar e aproveitar grandes oportunidades. Diga a seus aliados que, se você encontrar uma boa oportunidade, fará tudo o que estiver ao seu alcance para que eles participem dela.

---

* *Nota da Tradutora*: Wiki é uma coleção de páginas interligadas na Web. Essas páginas podem ser visitadas e editadas por qualquer pessoa, o que resulta em um site colaborativo em permanente expansão e aprimoramento.

6
Corra riscos inteligentes

As pessoas costumam enxergar o risco de forma negativa sem motivo. Nós o associamos a coisas do tipo perder dinheiro no mercado de ações ou dirigir uma motocicleta sem usar capacete. Mas o risco não é o inimigo – é uma parte permanente da vida. Na verdade, ser proativamente inteligente a respeito do risco é uma condição para se aproveitarem as oportunidades extraordinárias de que falamos no último capítulo. Muito mais pessoas teriam como aproveitar as grandes oportunidades se tudo fosse apenas uma questão de acessar as redes, gerar serendipidade e ser inventivo. A realidade é que fazer estas coisas geralmente é necessário, mas raramente o bastante. Existe uma *disputa* pelas boas oportunidades. E por causa disso, se você puder se arriscar de maneira inteligente, encontrará oportunidades onde outras pessoas não se dão conta delas. Onde outras pessoas veem um farol vermelho, você o enxerga verde.

O "risco" no contexto de uma carreira são as consequências negativas de determinada ação ou decisão e a probabilidade de que o pior realmente venha a acontecer. Situações de risco, então, são aquelas em que o nível de risco ultrapassa um limite. Por exemplo, voar em um avião comercial de uma grande companhia aérea não é arriscado

COMECE POR VOCÊ

porque, conquanto o cenário negativo de um acidente possa ser doloroso, a probabilidade de um acidente é extremamente baixa. Ao mesmo tempo, a compensação de um deslocamento rápido é significativa. Existe um *risco* quando você embarca em um avião, mas ele é tão baixo que voos comerciais não são considerados *arriscados*.

Alguns empreendedores têm o hábito de correr riscos irracionais: eles se veem como c_aubóis querendo apostar a fazenda para realizar um sonho maluco. Mas o que diferencia os grandes empreendedores do bando não é a alta tolerância ao risco em si, mas sua habilidade de avaliá-lo e administrá-lo com prudência. Eles, estrategicamente, buscam apenas as oportunidades que apresentam uma possibilidade de ganhar que justifique a possibilidade de perder. O sucesso dos empreendedores depende dessa habilidade fundamental.

O risco é o reverso de cada oportunidade e iniciativa de carreira. Quando George Clooney ousou submeter-se a audições e se candidatou ao *ER*, correu um risco: o programa poderia ter sido um grande fracasso. Quando você apresenta a seu chefe um problema que está tendo com um colega de trabalho, corre o risco de causar má impressão. Negociar um salário mais alto envolve o risco de parecer ganancioso. Fazer trabalhos como freelancer paralelamente vem com o risco de piorar seu desempenho em seu emprego fixo. "Se você não está realmente sentindo o peso do risco de suas escolhas estratégicas, sua estratégia não é lá muito boa", afirma Reed Hastings, da Netflix. Isso é verdade tanto para carreiras quanto para empresas. Se você não precisa pensar seriamente sobre o risco que existe em uma oportunidade de carreira, é provável que essa não seja a grande oportunidade.

A constante presença do risco é a razão pela qual todo Plano A deve ser acompanhado por um Plano B e um Plano Z. Naturalmente, o risco não é exclusivo das atividades relacionadas à carreira. Existe risco em *qualquer coisa* que você venha a fazer, incluindo aquelas que fazemos todos os dias, como jogging no parque ou viver em um mundo em que há armas nucleares e terremotos. Até mesmo a inatividade traz riscos. Uma pessoa doente que decide não ir a um médico está se arriscando ao não fazer nada. A inatividade é especialmente arriscada em um mundo em transformação que exige adaptação (haja vista o setor automotivo americano, por exemplo).

Portanto, *todos nós* corremos riscos. Mas não somos todos igualmente inteligentes em relação aos riscos que corremos. Muitas pessoas pensam que, para conseguir estabilidade na carreira, é preciso minimizar o risco. Mas, ironicamente, em um mundo em transformação, essa é uma das coisas mais arriscadas que você pode fazer. Outras pessoas acham que admitir as possibilidades de perda financeira é um sinal de fraqueza. "Fracassar não é uma opção!" pode dar uma boa fala em um filme, mas não serve como estratégia. Em vez de evitar o risco, se você correr riscos *inteligentes*, terá vantagem competitiva.

AVALIANDO E ADMINISTRANDO O RISCO

Aprender como avaliar o nível de risco de forma precisa em uma situação não é fácil por vários motivos. Primeiro, o risco é tanto pessoal quanto situacional. O que pode ser arriscado para você talvez não seja arriscado para outra pessoa. Existem pessoas para quem desistir de um trabalho antes de ter outro em vista é um risco inaceitável; para outras, é uma ótima ideia. Há pessoas que se privam de receber seus salários por vários meses para começar as próprias empresas; outras nem sonhariam em se expor a uma situação em que não tivessem a garantia de um salário fixo e benefícios.

E mais: o risco é dinâmico. Você está mudando, a concorrência está mudando, o mundo está mudando. O que pode ser arriscado para você neste exato momento talvez não seja daqui a um mês, um ano ou cinco anos. Qual é o risco de você incomodar seus colegas se fizer lobby agressivo para assumir a dianteira em um projeto? Isso depende de fatores não muito claros que estão em constante mudança. Quando você acaba de receber um aumento de salário e é promovido, por exemplo, a lógica é diferente de quando você é um novato no emprego. Nada é universalmente arriscado ou não arriscado; tudo é uma questão de grau e varia muito, com base na situação e na pessoa.[1]

Avaliar o risco, embora sempre difícil, não é impossível. Empreendedores fazem isso todos os dias. Mas eles não usam modelos pomposos de análise de risco, como aqueles usados em Wall Street. E você também não deveria usar. Não há uma fórmula matemática que possibilite apreender as probabilidades e a variação de resultados de uma startup dinâmica, ainda mais a startup dinâmica que é sua carreira. Não é possível quantificar os prós e os contras de cada oportunidade. Você terá limites de tempo. Terá limites de informação. Além disso, sua intuição está crivada de tendências cognitivas que atrapalham a avaliação racional. Então, aqui estão alguns princípios que devem ser levados em consideração para ajudá-lo a avaliar quanto uma oportunidade é realmente arriscada e como administrar o risco que existe de verdade.

Em geral, não é tão arriscado como você pensa

A maioria das pessoas supervaloriza o risco. Em nosso íntimo, nós, humanos, somos feitos para evitar o risco. Evoluímos dessa maneira por causa de nossos ancestrais, pois não perceber a presença do predador (ameaça) saía mais caro do que não perceber a presença da comida (oportunidade). O neuropsicólogo Rick Hanson define isso da seguinte forma: "Para manter nossos ancestrais vivos, a Mãe Natureza aperfeiçoou o cérebro, que rotineiramente os enganava para cometer três erros: supervalorizar as ameaças, subestimar as oportunidades e subestimar os recursos (para lidar com ameaças e oportunidades proveitosas)." Por conta disso, somos programados para supervalorizar o risco em qualquer situação.[2]

Pedaços de pau chamam nossa atenção muito mais rapidamente do que cenouras. Os psicólogos chamam isso de *tendência negativa*, e ela surge o tempo todo no nosso cotidiano. Uma advertência grave desaconselhando trabalhar com uma pessoa causa impacto mais forte que uma recomendação entusiástica. A ansiedade da expectativa de como seu chefe vai reagir a uma proposta não convencional abafa o otimismo da esperança de que ele possa ficar impressionado com seu trabalho.

Supervalorizar ameaças e evitar perdas pode ser uma ótima estratégia para satisfazer a insensível determinação da evolução e transmitir nossos genes às futuras gerações. Mas não é o jeito de se tirar o melhor proveito desta vida. Para se ter uma vida farta e vibrante, é preciso trabalhar para superar essa tendência negativa. O primeiro passo é lembrar a si mesmo de que o lado negativo de determinada situação possivelmente não é tão ruim ou tão provável quanto parece.

O pior cenário possível é tolerável ou intolerável?

Da extensa pesquisa sobre o risco, muito pouco verdadeiramente analisa como as pessoas de negócios de fato tomam decisões no mundo real. Uma exceção é um estudo conduzido pelo Professor Zur Shapira em 1991. Ele pediu a cerca de 700 executivos de alto nível dos Estados Unidos e de Israel que descrevessem como pensavam a respeito do risco em diferentes situações. É possível que o que ele descobriu tenha decepcionado os arquitetos de rebuscadas árvores de decisão. Os executivos pesquisados não faziam cálculos matemáticos para avaliar as várias probabilidades de situações. Eles não elaboravam longas listas de prós e contras. Em vez disso, a maioria tentava se virar com uma simples pergunta de sim ou não: eles conseguiriam suportar as consequências do pior cenário possível? Então, a primeira coisa que você deve perguntar a respeito de uma possível oportunidade é: frente ao pior cenário possível, eu continuaria no jogo? Se o pior cenário for ter sua reputação gravemente manchada ou perder todos os seus recursos econômicos ou qualquer outra coisa que resulte no fim de sua carreira, não corra esse risco. Se o pior cenário for ser demitido, perder um pouquinho de tempo e de dinheiro ou experimentar algum desconforto, desde que ainda tenha um Plano Z sólido e confiável, você ainda estará no jogo e deve considerar correr esse risco.

Você conseguiria reverter ou mudar a decisão no meio do caminho? O Plano B é viável?

Empresas de consultoria em administração frequentemente oferecem a seus analistas o patrocínio da faculdade de administração em troca de um compromisso de dois anos de trabalho na empresa depois da formatura. Na verdade, os analistas que aceitam a oferta estão fazendo um acordo de quatro anos no total: dois anos na faculdade e depois dois anos na mesma empresa. Comprometer antecipadamente quatro anos de sua vida é mais arriscado do que as escolhas de carreira que permitem que você pivote para o Plano B se decidir que alguma coisa não está indo bem ou se surgir alguma outra oportunidade incrível. Então, ao avaliar um risco, se você percebe que cometeu um erro, poderia facilmente reverter sua decisão? Você conseguiria colocar em prática o Plano B ou o Plano Z relativamente rápido? Se a resposta for não, a oportunidade é muito arriscada e deveria ser considerada com mais cuidado.

Michael Dell ficou famoso por desistir da University of Texas para começar a Dell Computer. Mas sua startup não era uma negócio garantido na época, então ele administrou o risco restringindo sua aposta. Em vez de largar a faculdade de uma vez, ele formalmente pediu uma licença para, no caso de a empresa apresentar indícios de que estava indo ladeira abaixo, ele poder voltar para os estudos sem problema algum.[3] Dell foi prudente ao correr um risco que preservava a opção de reverter sua decisão e voltar para o Plano B.

Você nunca terá certeza absoluta. Não confunda incerteza com risco

Sempre haverá incerteza em relação às oportunidades de carreira e aos riscos. A incerteza é um ingrediente de risco. E, quanto mais irresistível e complexa a oportunidade, mais incerteza tende a envolvê-la. Em todas as situações, você não pode saber tudo sobre todos os possíveis prós e contras. Assim como não deve esperar tomar iniciativas na carreira com 0% de informação, também não deve esperar até que tenha 100% das informações – ou então vai esperar para sempre. A incerteza gera desconforto nas pessoas. Mas a incerteza não denota automaticamente que existe um risco. Sair de férias em um jato para o Havaí sem itinerário gera muitas incertezas sobre o que vai acontecer, mas não é particularmente arriscado. Afinal, qual é a possibilidade de você não se divertir no Havaí? Quando Sheryl Sandberg veio de Washington para o Vale do Silício, tinha inúmeras incertezas. (A Califórnia seria um lugar adequado para formar uma família? Como sua reputação sofreria se o Google fosse um fracasso?) Se ela tivesse considerado todas as dúvidas relacionadas à sua entrada no novo setor como riscos sérios, nunca teria entrado para o Google e teria jogado fora uma grande oportunidade. Quando não está muito claro como as coisas vão terminar, muitas pessoas nem chegam a considerar a opção. Mas as melhores e maiores oportunidades frequentemente são as que suscitam mais pontos de interrogação. Não deixe a incerteza persuadi-lo a supervalorizar o risco.

Leve em conta idade e momento. O que os riscos vão representar para você daqui a alguns anos?

A idade e o momento da carreira interferem no nível de risco que você deve correr. Em geral, quanto mais jovem você for, mais amena é a consequência negativa do fracasso. Se você comete erros aos 20 ou aos 30 anos, tem tempo de sobra para recuperar tanto suas finanças quanto sua reputação. Você tem parentes e familiares a quem recorrer. Você tem menor probabilidade de já ter filhos ou uma hipoteca. Assim como os consultores financeiros aconselham pessoas jovens a investir em ações mais do que em títulos, é importante ser especialmente agressivo aceitando riscos de carreira quando se é jovem. Esse é um dos principais motivos para muitos jovens abrirem empresas, viajarem ao redor do mundo e tomarem outras iniciativas de "alto risco" na carreira: as perdas são menores. Se alguma coisa que vale a pena for mais arriscada daqui a cinco anos do que agora, seja mais agressivo correndo o risco agora. À medida que for envelhecendo e acumulando mais bens, sua tolerância ao risco irá se modificando.

Busque oportunidades onde outras pessoas veem riscos que não existem

Haverá momentos em que o que é arriscado para outra pessoa não é para você porque suas características e circunstâncias individuais lhe permitem um julgamento diferente. O risco é pessoal. Mas também haverá ocasiões em que pessoas como você – pessoas com recursos e aspirações similares e atuando dentro das mesmas realidades de mercado – perceberão algo como mais arriscado do que é na verdade. Isso gera uma brecha para você aproveitar a oportunidade da qual seus semelhantes podem estar fugindo sem motivo.

Warren Buffett tem um mantra: "Tenha medo quando as outras pessoas forem gananciosas e seja ganancioso quando os outros tiverem medo." É uma vantagem competitiva dele. Durante a crise financeira de 2008, Buffett comprou ações americanas baratas, pois os americanos estavam amedrontados e vendendo. No mercado de ações, você faz dinheiro quando acredita em alguma coisa em que outras pessoas não acreditam. Você compra ações porque acredita que o preço delas será *mais alto* no futuro do que é hoje. Os que vendem essas ações acreditam que o preço das ações será *mais baixo* no futuro do que é hoje. Ao investir no mercado aberto, assim como em muitas outras atividades, você obtém grande sucesso quando *está ao mesmo tempo correto e no contrafluxo*.

Estar no contrafluxo e correto sobre o risco que está correndo significa que você não avança sobre as oportunidades óbvias de alto risco e grande retorno. Ao contrário, busca oportunidades que apresentam risco mais baixo do que seus semelhantes pensam, mas que, ainda assim, são altamente lucrativas.

COMECE POR VOCÊ

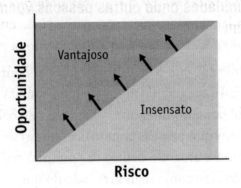

Oportunidades de carreira ou situações comuns como essa incluem:

- *Empregos que pagam menos em dinheiro, mas oferecem enorme aprendizado.* As pessoas se concentram em bens materiais que podem ser facilmente quantificados – como quanto elas estão recebendo em dinheiro. Empregos que oferecem menos dinheiro, porém mais aprendizado, são rapidamente descartados como arriscados.

- *Trabalhos de meio período ou com contratos menos "estáveis" do que empregos em período integral.* Um pouquinho de volatilidade traz menos problemas do que as pessoas pensam; na verdade, ela é favorável, como veremos na próxima parte. Muitos descartam empregos de meio período e trabalhos terceirizados como inferiores aos trabalhos em período integral, mas, na verdade, eles são ótimos como forma de construir habilidades e relacionamentos que ajudem a pivotar para uma grande variedade de Planos B.

- *Contratar alguém sem muita experiência, mas que aprenda rápido é muito mais barato.* Esse é um risco com alto potencial de retorno: pessoas que aprendem rápido podem compensar sua inexperiência. Elas tendem a ser subestimadas pelo mercado.

- *Uma oportunidade em que os riscos são altamente divulgados.* Graças à nossa tendência inata para a negatividade, quanto mais você ouvir sobre o lado negativo de alguma coisa, maior a probabilidade de supervalorizarmos a possibilidade de aquilo acontecer (é por isso que as pessoas tendem a ficar com mais medo de voar depois que notícias de acidentes de avião ganham as manchetes). Se a mídia e as pessoas em seu setor falam em demasia sobre o risco de determinado trabalho ou determinado tipo de carreira, eles não são tão arriscados quanto a maioria das pessoas acredita.

Você pode encontrar oportunidades com uma dinâmica favorável de risco/retorno em áreas que conhece bem e em que a avaliação que seus semelhantes fazem do risco é falha. Por exemplo, empreendedores principiantes algumas vezes se desesperam durante uma recessão e abandonam suas ideias de startups porque pensam que levantar dinheiro é mais difícil, conseguir consumidores que gastem dinheiro é mais difícil, e um emprego em uma corporação é mais seguro em tempos difíceis. Empreendedores experientes sabem que, na verdade, abrir uma empresa em uma economia em baixa apresenta um risco menor do que as pessoas pensam precisamente porque outras pessoas estão com medo do risco. Quando você abre uma empresa durante uma recessão, há menos concorrência pelos grandes talentos, pelos dólares do consumidor, pela cobertura da imprensa, entre outros. Muitas empresas incríveis, como a Microsoft e a FedEx, foram abertas em plena recessão. Quando tantos empreendedores percebem o momento oportuno da recessão como de alto risco, na verdade eles o transformam em um momento de baixo risco.

Em que âmbitos você tem uma posição privilegiada e mais informação do que a média para avaliar o risco?

COMECE POR VOCÊ

RISCOS DE CURTO PRAZO AUMENTAM A ESTABILIDADE DE LONGO PRAZO

É comum presumir que certas carreiras são mais arriscadas do que outras. Em 2003, em um trabalho intitulado "Risk and Career Choice", dois economistas fizeram a estimativa do risco de trabalhar em diferentes setores de acordo com a consistência das fontes de renda e a média dos níveis de desemprego das pessoas que tinham essas carreiras.[4] Eles se referiram às variações de renda, incluindo períodos de desemprego, como "abalos". Pelas suas contas, as carreiras arriscadas (abalos mais violentos) incluíam administração, entretenimento e vendas. Carreiras menos arriscadas (abalos menos violentos) incluíam educação, saúde e engenharia. Podemos expressar a mesma ideia dizendo que carreiras arriscadas eram consideradas mais voláteis, enquanto carreiras menos arriscadas eram consideradas mais estáveis. Esses resultados estão alinhados com o que diz a sabedoria popular – pessoas avessas ao risco podem ser professores ou médicos (ou advogados ou banqueiros), enquanto pessoas que se arriscam podem abrir empresas ou tentar a sorte na Broadway. Mas essa teoria está correta?

O paradoxo da volatilidade: pequenas queimadas previnem o grande incêndio

Em seu livro *The Black Swan*, Nassim Taleb escreve sobre os eventos raros, inesperados, de alto impacto. O ataque terrorista de 11 de setembro, a quebra do mercado de ações em 1987 e a tsunami no Oceano Índico em 2004 eram cisnes negros. Era impossível prevê-los com antecedência, inicialmente tinham pequena chance de acontecer e causaram grandes impactos. Joshua Cooper Ramo,

Corra riscos inteligentes

um amigo, em seu excelente livro *A era do inconcebível: por que a atual desordem do mundo não deixa de nos surpreender e o que podemos fazer* (São Paulo: Companhia das Letras, 2010), argumenta que provavelmente presenciaremos mais cisnes negros no decorrer da vida. Ramo acredita que o número de turbulências inimagináveis no mundo está aumentando em parte porque nos tornamos tão globalmente interconectados que a menor perturbação em qualquer lugar pode causar turbulência em todos os lugares. Quando as economias da Ásia ou da Europa estremecem, o mesmo ocorre com a economia dos Estados Unidos. Quando há uma reviravolta política no Oriente Médio, o preço da gasolina dispara. A fragilidade é o preço que pagamos por um mundo interligado em que toda a falha repercute para o sistema.

A economia, os políticos e o mercado de trabalho do futuro vão sofrer muitos abalos inesperados. Nesse sentido, o mundo de amanhã será mais como o Vale do Silício de hoje: mudanças constantes e caos. Portanto, isso significa que você deve tentar evitar esses abalos escolhendo carreiras de baixa volatilidade, como saúde ou educação? Não necessariamente. Para administrar o risco de forma inteligente, seja resiliente com relação a esses abalos buscando as oportunidades que vêm com alguma volatilidade. Taleb argumenta – aprofundando uma discussão popularizada por ecologistas que estudam a resiliência – que, quanto menos volátil é o ambiente, mais destrutivo o cisne negro será quando chegar. Ambientes não voláteis dão apenas a impressão de estabilidade: "Ditaduras que não parecem ser voláteis, como, digamos, a Síria ou a Arábia Saudita, enfrentam maior risco de caos do que, por exemplo, a Itália, pois esta tem vivido um estado de contínua desordem política desde a [Segunda Guerra Mundial]."[5] Ramo explica por quê: a Itália é resiliente ao caos perigoso porque tem absorvido frequentes ataques como "pequenas queimadas controladas em uma floresta, desmatando apenas

COMECE POR VOCÊ

o espaço necessário para tornar [eles] invulneráveis a um grande incêndio".[6] Essas pequenas queimadas fortalecem a capacidade do sistema político de reagir a crises inesperadas. Nem a Síria nem a Coreia do Norte, tampouco Burma, têm pequenas queimadas: um incêndio lá poderia tornar-se rapidamente uma catástrofe devastadora. Em curto prazo, a volatilidade baixa significa estabilidade. Em longo prazo, no entanto, a baixa volatilidade leva ao aumento da vulnerabilidade, porque torna o sistema menos resiliente a inconcebíveis abalos externos. É por esse motivo que o economista de Chicago Raghuram Rajan disse, em 2005, em um simpósio do Federal Reserve, que "talvez Greenspan devesse ser culpado por permitir apenas duas brandas recessões durante seu mandato".[7] Sem testes de estresse suficientes no sistema econômico, tornou-se perigosamente pouco resiliente frente a um grande incêndio.

Esse paradoxo – alto risco de curto prazo levando a um baixo risco de longo prazo – também vale para as carreiras. No passado, quando você pensava em empregados estáveis, pensava na IBM, na HP e na General Motors – todas empresas sólidas que existiram por muito tempo e empregaram centenas de milhares de pessoas. A certa altura da história delas, todas tiveram na prática (ou mesmo de forma particularmente explícita) políticas de contratação vitalícia. Imagine o que aconteceu, então, quando as realidades de mercado forçaram as empresas a deixar cartas de demissão sobre as mesas de milhares de empregados. Imagine o que deve ter sido para alguém que pensou que fosse um funcionário de carreira da HP; suas habilidades, experiência e redes eram todas inextricavelmente vinculadas a seu empregador das 9 horas às 17 horas. E então: BUM. Está desempregado.

Embora os empregadores de hoje não ofereçam contratações vitalícias – o pacto empregador-empregado desintegrou-se completamente, como mencionamos no início –, alguns setores ainda

Corra riscos inteligentes

oferecem alguma forma de estabilidade: onde é relativamente difícil ser demitido, seu salário não varia muito e as responsabilidades de seu trabalho se mantêm invariáveis. Essas são as carreiras geralmente consideradas menos arriscadas: governo, educação, engenharia e saúde. Mas compare alguém que trabalha período integral no governo do estado com um corretor de imóveis. O corretor de imóveis não sabe quando seu próximo pagamento vai entrar. Ele passa por altos e baixos. Ele tem de ir à luta para construir uma carteira de clientes e acompanhar as mudanças do mercado. Sua renda é irregular e ele sobrevive de grandes vitórias esporádicas (vender uma mansão multimilionária). O funcionário do governo, por contrato, recebe vencimentos constantes e uma promoção automática a cada dois anos. Ele sempre come bem... Até que chega o dia em que as pensões do governo explodem ou medidas de austeridade eliminam seu departamento. Agora ele está encrencado. Ele vai morrer de fome porque, diferente do corretor de imóveis, não tem ideia de como lidar com períodos difíceis.

Ou então compare um editor de uma prestigiada revista com uma repórter freelancer. O editor de uma revista conta com uma fonte confiável de renda, trabalho regular e uma rede interna. A repórter freelancer tem de ir à luta todos os dias para encontrar trabalho e alguns meses são melhores do que outros. O editor da redação está sempre bem alimentado; a repórter freelancer fica com fome alguns dias. Então chega o dia em que a revista impressa morre e o setor de revistas enfim desmorona, e o editor de redação é mandado embora. Como não desenvolveu resiliência, ele vai morrer de fome. Ele está menos equipado para se virar com outra coisa, enquanto a repórter freelancer passou a vida toda se virando – ela ficará bem. Então que tipo de carreira é mais arriscada no longo prazo, na era do inconcebível?

COMECE POR VOCÊ

Ao deixar de correr riscos controlados, frequentes, você está preparando um enorme transtorno para si mesmo em algum momento no futuro. Inocular a si mesmo contra grandes riscos é como inocular-se contra o vírus da gripe. Ao injetar um pouquinho de gripe em seu corpo na forma de vacina, você se torna capaz de sobreviver a um grande surto de gripe. Ao introduzir volatilidade regularmente em sua carreira, você se torna capaz de sobreviver ao inesperado. Adquire a "capacidade de absorver abalos com classe".[8]

Alguns tipos de trabalho automaticamente apresentam volatilidade constante (por exemplo, o empreendedorismo ou o freelancer). Em outros trabalhos, você terá de introduzir abalos e contratempos manualmente. Faça isso aplicando agressivamente as estratégias de geração de oportunidades que discutimos no capítulo anterior (afinal, a oportunidade e o risco são dois lados da mesma moeda): crie e junte-se a grupos, mantenha-se em movimento, consiga trabalhos paralelos, vá à luta. Em uma frase, diga "sim" mais vezes. O que aconteceria se você só dissesse "sim" por um dia inteiro? Uma semana inteira? Se você disser sim ao convite para a conferência da qual estava tentado a escapar, poderia ouvir sem querer um comentário que acendesse sua imaginação para um novo negócio ou uma nova pesquisa ou um novo relacionamento? Talvez. Poderia também acarretar alguns constrangimentos, contratempos, perdas de tempo? Com certeza. Mas ambas as possibilidades, na verdade, são boas: você se beneficia tanto da oportunidade serendipitosa quanto da resiliência que desenvolve, caso não tire nenhum proveito imediato.

Acreditar que você pode evitar o risco o leva a perder oportunidades que podem mudar sua vida. E também o deixa perigosamente entorpecido em um padrão frágil de vida e o expõe a uma enorme pancada no futuro. E o que é pior: você nunca conseguirá prever exatamente quando pontos de inflexão ou qualquer outra circunstância que ameace a carreira poderão ocorrer. Quando você é resiliente, tem condições de buscar as oportunidades sem tanta preocupação com relação a possíveis consequências de percalços imprevistos. Para a startup que você é, *a única solução de longo prazo para o risco é resiliência.*

Lembre-se: Se você não se arriscar, está correndo risco.

COMECE POR VOCÊ

INVISTA EM SI MESMO

No dia seguinte:

- Reflita por alguns minutos sobre os riscos em sua vida. Classifique os projetos em que está envolvido pelo risco – do mais arriscado ao menos arriscado. Depois, pense seriamente nas verdadeiras possibilidades de perdas e ganhos e certifique-se de não estar exagerando o risco total. Onde existem incertezas, você estaria erroneamente confundindo-as com risco?

Na próxima semana:

- Identifique – e corra – riscos que para você são aceitáveis, mas que outras pessoas tendem a evitar. Tudo bem com você guardar menos dinheiro e aceitar um emprego com salário menor, mas que ofereça grande aprendizado? Ou talvez um contrato mensal de emprego em vez de um contrato de período mais longo? Encontre um projeto com esses tipos de riscos. Ele vai diferenciá-lo das outras pessoas.

No próximo mês:

- Faça planos de aumentar a volatilidade de curto prazo em sua vida. Como você pode assumir projetos – ou um novo emprego – que envolva mais altos e baixos, mais incerteza?

- Revise seu Plano Z. Ele ainda é viável? Consulte mentores em sua rede para ajudá-lo a pensar em todas as contingências.

Inteligência de rede

Tenha conversas francas com seus aliados e outras conexões de confiança sobre o tipo de risco que eles são capazes de assumir. Saber como eles avaliam o risco deles o capacita a ajudá-los mais prontamente. Além disso, lembre-se de que, se sua avaliação de risco para uma oportunidade estiver no contrafluxo, outras pessoas desistirão dela. Teste quanto sua ideia realmente está no contrafluxo observando como sua rede reage a ela!

7

Diga-me com quem andas e eu te direi o que sabes

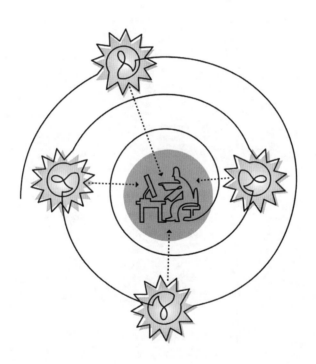

á uma década, Bill Gates escreveu: "O meio mais significativo de diferenciar sua empresa das concorrentes, o melhor meio de aumentar a distância entre você e a multidão, é fazer um trabalho excepcional com a informação. *A maneira pela qual você reúne, gerencia e utiliza a informação vai determinar se ganha ou perde.*"[1] Isso não poderia ser mais verdadeiro hoje. Mas a maneira pela qual fomos socializados e instruídos a pensar sobre informação e conhecimento é insuficiente. Nosso sistema de educação nos treina para memorizar os fatos armazenados nos livros e depois regurgitá-los em uma prova. Essa filosofia formal de aprendizado trata o conhecimento como um recurso estático: aprenda e então você se garante para sempre! Mas como um profissional moderno, você não pode adquirir conhecimento desse modo, porque o conhecimento de que precisa não é estático – está sempre mudando. Você não pode condensar em seu cérebro toda a informação relevante que possa ser relevante para sua carreira e depois descarregá-la em uma prova. No mundo de hoje, todo dia é dia de prova – todos os dias trazem novos e imprevisíveis desafios e decisões. Acumular fatos não o levará a lugar algum. *O que vai ajudá-lo é ser capaz de acessar a informação de que precisa, na hora que precisar dela.*

COMECE POR VOCÊ

NAVEGUE PELOS DESAFIOS PROFISSIONAIS COM UM SERVIÇO DE INFORMAÇÕES DA REDE

Empreendedores navegam por entre os assuntos relativos à administração de uma empresa formando uma *inteligência*: informações acionáveis em tempo hábil sobre todas as facetas de seus negócios, incluindo as tendências do setor, oportunidades, atividades dos concorrentes, opinião do consumidor, jovens e promissores talentos, e tendências de vendas. Em um negócio, a inteligência serve como um dispositivo de GPS.

Você precisa de uma boa inteligência para dirigir a startup de si mesmo. Os capítulos anteriores devem ter gerado questionamentos em sua cabeça, como: Até que ponto minhas habilidades são do interesse de um mercado em transformação? Como saber quando pivotar para um novo nicho do setor? Quais são as melhores oportunidades de trabalho e como tirar proveito delas? Estas não são perguntas fáceis. Com certeza, não se pode responder a tais perguntas com uma simples reflexão de alguns minutos ou preenchendo um formulário de trabalho. Você precisa de inteligência de negócios para navegar por entre esses desafios.

O meio de consegui-la é conversando com as pessoas em sua rede. São as *pessoas* que vão ajudá-lo a compreender seus recursos, aspirações e realidade de mercado; são as *pessoas* que o ajudam a examinar e ser apresentado a eventuais aliados e conexões de confiança; são as *pessoas* que o ajudam a rastrear o risco envolvido em determinada oportunidade. **Eu**[Nós] é a fórmula para coletar o tipo de informação que irá ajudá-lo a navegar pelos desafios profissionais.

O que você obtém quando acessa o cérebro de outras pessoas chama-se *inteligência de rede*. Existe uma grande quantidade de boas informações disponíveis nos livros e revistas e em ferramentas de busca. Contudo, sua rede é frequentemente a melhor – às vezes a única

– fonte de inteligência essencial. Um livro não vai lhe dizer quais habilidades você precisa aprimorar para determinado nicho de mercado. Uma revista não pode ajudá-lo a pesar os riscos de se mudar para o outro lado do mundo em função de um emprego. Uma ferramenta de busca não pode apresentá-lo às redes que apresentam as grandes oportunidades. Mas sua rede pode.

Você passou a contar com uma rede repleta de inteligência a partir do momento em que fez amigos. Mas até muito recentemente, acessar essa inteligência requeria tarefas que consumiam tempo, como manter um Rolodex* atualizado, enviar cartas por escrito e marcar reuniões presenciais. As redes e o networking eram sempre associados à procura de emprego porque era tão dispendioso em tempo e esforço acionar sua rede que você só o fazia quando era muito importante – como procurar um emprego. No entanto, agora é fácil e barato acessar as informações que estão passando pelo cérebro de nossas conexões. Com todos conectados, os custos da operação para participar de uma rede são tão baixos que faz sentido extrair inteligência de rede não apenas para os grandes desafios da carreira – como encontrar um bom emprego –, mas também em uma variedade mais ampla de assuntos do dia a dia.

Os indivíduos que conhecemos nos capítulos anteriores passaram a contar com suas redes rotineiramente enquanto administravam suas carreiras. Na época em que Sheryl Sandberg estava trabalhando para Larry Summers no Banco Mundial, Summers lembra-se de ter pedido a Sheryl para pesquisar quais teriam sido os efeitos de um socorro financeiro em 1917 na Rússia. "O que a maioria dos alunos teria feito", contou Summers a Ken Auletta no *The New Yorker*, "seria ir até a biblioteca, consultar alguns livros sobre a história russa e dizer que não estavam certos se aquilo era possível. O que Sheryl fez foi ligar

---

* *Nota da Tradutora*: Organizador de cartões de visita.

COMECE POR VOCÊ

para Richard Pipes", um historiador de Harvard que se especializou na Revolução Russa. "Ela ficou conversando com ele durante uma hora e recebeu informações detalhadas." E com elas impressionou Summer no dia seguinte.[2]

Sua rede é uma fonte indispensável de inteligência porque as pessoas fazem observações e comentam suas impressões particulares, que nunca apareceriam em um veículo público, como no *The Wall Street Journal*, nem mesmo no boletim informativo da empresa. Somente um colega de trabalho pode lhe dar uma pista das preferências idiossincráticas de seu chefe. Somente um amigo que trabalha em outra organização pode lhe falar a respeito de uma vaga de emprego criada lá.

Segundo, as pessoas fazem recomendações personalizadas e contextualizadas. Os amigos e conhecidos sabem quais são seus interesses e por isso podem passar melhores informações e fazer recomendações mais adequadas. Por exemplo, se você está tentando pesar os prós e os contras de aceitar um emprego que envolva uma redução considerável de salário, as pessoas que o conhecem bem serão capazes de julgar se você aguenta ou não ter um estilo de vida mais enxuto. Depois que Sheryl Sandberg saiu do Banco Mundial, não fez uma busca no Google para descobrir qual deveria ser seu próximo passo. Ela ligou para o CEO do Google – Eric Schmidt – e conseguiu dele as informações de que precisava.

Terceiro, as pessoas podem ajudá-lo a filtrar as informações que você obtém de outras fontes. Elas podem lhe dizer *quais* livros ler; *quais* partes do artigo são importantes; *quais* resultados de busca você deve ignorar; em *quais* pessoas você pode ou não pode confiar. As pessoas ajudam a concentrar sua atenção na inteligência relevante e aplicável. Em uma época de excesso de informação, esse é um auxílio precioso.

Por fim, muitas pessoas pensam em coisas melhores quando dialogam. Lembre-se do **Eu**[Nós]: a potência de um indivíduo é elevada exponencialmente com a ajuda de uma rede. Em parte, isso ocorre porque, quando a informação é enviada de um lado para o outro entre pessoas instruídas e prestativas, o sinal fica mais forte. Duas cabeças (ou mais) bem coordenadas sempre pensam melhor do que uma.

Obtendo letramento em rede

Durante séculos, o letramento significou a capacidade de ler e escrever. Aqueles que conseguiam ler livros – e escrevê-los – detinham o poder na sociedade. Depois surgiu a internet, e a quantidade de informação criada e indexada diariamente foi aumentada de forma significativa. O poder ficou com aqueles que, além de letrados em ler e escrever, também podiam abrir caminho por entre bilhões de bits e encontrar a melhor informação on-line. O autor John Battelle chama isso de *letramento de busca* – a capacidade de inserir a quantidade mais adequada de termos para a busca, cruzar um oceano de resultados e seguir os links que levam à melhor informação.

Hoje, o letramento de busca já não é suficiente. A grande vantagem é com o *letramento de rede (digital)*: saber como conceptualizar, acessar e se beneficiar de informações que circulam pelas redes sociais. Vamos examinar as técnicas que você precisa dominar para acessá-las de modo mais eficiente e como tornar-se letrado em redes.

Como extrair inteligência de sua rede

Durante o terremoto e o tsunami de 2011 no Japão, o National Oceanographic and Atmospheric Administration's (NOAA) Tsunami Early Warning Center (Centro de Alerta Contra Tsunamis da

COMECE POR VOCÊ

Administração Nacional Oceanográfica e Atmosférica) em Honolulu, no Havaí, começou a trabalhar em ritmo acelerado. O sistema é uma rede de sensores localizados em 39 estações no fundo do oceano, por todo o Oceano Pacífico, o Oceano Atlântico e o Golfo do México. Quando um sensor indica que o nível da água em sua localização está acima dos níveis previstos por mais de 15 segundos, o sistema começa a transmitir informações por satélite a intervalos muito curtos. Essas informações, então, são repassadas para cientistas treinados, em terra, que as usam para determinar se um tsunami realmente se formou e, se for o caso, sua magnitude e a direção que está seguindo – permitindo aos cientistas enviar alertas para as regiões e locais que podem ser afetados.

Naquele trágico dia de março, os dados foram emitidos a partir dos sensores localizados dentro das estações da NOAA no Oceano Pacífico. Esses dados foram retransmitidos para computadores no Tsunami Warning Center em Honolulu, no Havaí, onde os cientistas analisaram a informação e depois enviaram uma série de avisos de atenção e alerta.[3] Como fora previsto, poucas horas depois do terremoto, as ondas atingiram a costa de Waikiki, em Honolulu, um lugar normalmente lotado de banhistas. Mas, graças às ordens de evacuação emitidas como resultado das advertências imediatas da NOAA, quando as ondas estouraram nas praias, todos já haviam sido retirados da região.[4]

O Sistema de Alerta Contra Tsunamis da NOAA funciona porque recebe leituras de dezenas de estações. Se houvesse apenas alguns sensores flutuando no meio do Oceano Pacífico, os cientistas não seriam capazes de aferir a direção do tsunami ou saber se a onda estava ganhando força e velocidade. No entanto, com dados chegando de *diversos* sensores em *diversos* corpos de água, os cientistas puderam comparar e associar informações para chegar a uma série de conclusões, inclusive quando se esperava que a onda atingisse a linha costeira.

A informação em sua rede de pessoas é distribuída e coletada de maneira semelhante. Cada um de seus companheiros de trabalho, colegas de negócios, aliados e conhecidos é como um sensor único que pode retransmitir diferentes bits de informação. Eles trabalham em diferentes empresas, têm interesses diferentes, vivem em cidades diferentes. Do mesmo modo que um sensor, por si só, não pode dizer muita coisa sobre a trajetória de um tsunami, o feedback ou recomendação ou dica de apenas uma pessoa não é suficiente para informar qual decisão tomar a respeito da trajetória de sua carreira. Mas, se as diversas correntes de informação forem comparadas, como fazem os analistas que monitoram tsunamis no Havaí, e suas perspectivas forem combinadas, cria-se uma valiosa inteligência.

Em dezembro de 2009, a editora para a qual Iris Wong* trabalhava passou por uma das maiores reestruturações na história da empresa. Suas seis divisões foram reduzidas a quatro. Embora apenas poucas dezenas de pessoas tivessem sido desligadas em toda a empresa, e ela não fosse uma delas, Iris ficou apreensiva achando que a reestruturação era um sinal de que o pior estava para acontecer. Ela se perguntava se haveria emprego para editores assistentes no futuro próximo. Deveria sair de imediato? Ou deveria abaixar a cabeça, dedicar-se ao trabalho e tentar enfrentar a tempestade? Ela não tinha ideia. Então, Iris conversou informalmente com suas colegas de trabalho. Porém, tão amedrontadas quanto Iris, por conta das recentes notícias, suas colegas descreveram nefastos cenários apocalípticos e ela já não tinha certeza se deveria levá-las a sério.

Então, Iris ligou para um amigo que ocupava uma posição elevada dentro de um selo musical, pois sabia que o negócio estava enfrentando desafios similares aos do setor editorial. O amigo a advertiu de que grandes reestruturações do tipo que ela havia acabado de

---

* Nome fictício.

COMECE POR VOCÊ

experimentar eram frequentemente um sinal de mais consolidações e novas demissões. Afinal, a menos que haja uma mudança no modelo de negócio da empresa, medidas de curto prazo para cortar custos, como demissões, os principais problemas não serão resolvidos.

Depois, ela telefonou para seu pai, que havia trabalhado em Wall Street durante décadas. Ele testemunhou repetidas fusões, aquisições e demissões, e conhecia os sinais. Ele lhe disse para ficar de olho se ocorriam: superiores reunidos a portas fechadas com mais frequência, grandes reuniões sendo remarcadas ou canceladas, visitantes da matriz da empresa controladora. Em pouco tempo, essas coisas começaram a acontecer na editora. Além de tudo, como pai de Iris, ele sabia que ela era uma pessoa ansiosa e ficaria deprimida trabalhando em um ambiente no qual temesse que qualquer um daqueles dias poderia ser o último.

Então, Iris – definitivamente, pensando no seu Plano B – enviou um e-mail para todos os escritores, editores e os que abandonaram a indústria editorial que ela conhecia e perguntou a eles se tinham alguma sugestão para planos de carreira correlatos. A resposta de um antigo colega a intrigou: por que não aproveitar suas habilidades de editora fazendo assessoria de imprensa e marketing em mídia social para uma empresa de relações públicas em literatura? Por acaso um antigo colega conhecia alguém para quem ela poderia ligar e, poucas semanas depois, um escritório abriu uma nova vaga para ela. Nesse ínterim, dois meses mais tarde, a editora para a qual ela costumava trabalhar passou por outro período de dolorosas demissões e muitos em seu nível foram mandados embora.

Se Iris não tivesse acessado as recomendações e conexões junto à sua rede, possivelmente estaria inerte em seu antigo emprego – e teria sido atingida pelo tsunami. Em vez disso, ela transformou um ponto de inflexão potencial em oportunidade para pivotar para outra área dentro de seu setor.

A inteligência de rede não é útil apenas em momentos de dificuldade. Precisamos dela nos momentos bons *e também* nos ruins, e é por isso que deveríamos estar constantemente acessando nossas redes em busca de diversas correntes de informação sobre tudo, de oportunidades de trabalho a tendências de mudança na dinâmica dos escritórios. Então, como descobrir quem tem a informação de que você precisa em qualquer dado momento, e como proceder para extraí-la da maneira mais satisfatória?

Faça perguntas para toda a sua rede

Como vimos na história de Iris, existem dois modos básicos de se extraírem informações de nossa rede: (1) fazer perguntas direcionadas a pessoas específicas em sua rede (como quando Iris ligou para seu amigo da indústria fonográfica, e depois para seu pai), e/ou (2) convocar a rede de forma mais ampla interrogando uma grande parte de sua rede de uma só vez (como ela fez quando enviou um e-mail geral para seus amigos escritores e editores). A tecnologia facilita o segundo método. Por exemplo, uma mulher em sua rede estendida recentemente quis saber se era apropriado tocar no assunto de salário na primeira entrevista de emprego. Então ela publicou uma enquete em sua rede do LinkedIn (ver página 198). Uma questão abrangente, relativamente genérica, como a da página seguinte, é mais adequada para um e-mail geral ou como enquete em uma rede social porque muitas pessoas têm experiências relevantes – bastante gente já negociou salários e poderia compartilhar histórias úteis. Desse modo, você consegue a atenção de um grande grupo e ampla variedade de pontos de vista. E tem mais: propor uma questão dessa forma ampla estimula a *conversa*. Desse modo, você colhe os benefícios não apenas de diversas perspectivas, mas também de um diálogo e da interação dessas perspectivas.

COMECE POR VOCÊ

É adequado perguntar sobre salário na primeira entrevista?

Sara K. Pennington – 1.043 votos – restam 8 dias

○ Sim, definitivamente.
○ Talvez, depende da oportunidade.
○ Não, não é adequado.

Votar ou Ver Resultados

Comentários   Acompanhar comentários ☆

Don

Acho que a pessoa deve remar conforme a maré. Você precisa dar umas dicas de quais são suas expectativas com relação à função e ir direcionando a conversa para conseguir as respostas que deseja. Algumas pessoas sabem fazer isso bem, enquanto outras precisam perguntar diretamente.

Cerca de 18 horas atrás | Sinalizar comentário   Votou em Talvez, depende da oportunidade.

Kevin

Concordo com Ming-Wei. O ônus da dúvida deve ficar com quem está procurando emprego. Para isso é que servem as networks (LinkedIn, por exemplo). O salário é definido com base no setor, na posição e na localização. Um gerente de banco em Boise recebe menos do que um gerente de banco na cidade de Nova York, mas aquele pode ser um emprego melhor. Faça a lição de casa, não desperdice tempo fazendo entrevistas em empresas que não oferecem o salário que você espera. Saiba o que é preciso para pedir o salário que você quer. Sua entrevista é sua oportunidade de mostrar valor à empresa, inclusive o que você sabe sobre o setor, a empresa e a concorrência.

Cerca de 19 horas atrás | Sinalizar comentário   Votou em Não, não é adequado.

Faça perguntas direcionadas a indivíduos específicos

Entretanto, muitas perguntas se revelam ou pessoais ou especializadas demais para ser propostas de forma extensiva. Nesses casos, você precisa dirigir-se a umas poucas pessoas em especial, cuidadosamente selecionadas. Quando Ben e eu estávamos selecionando os editores para este livro, por exemplo, não publicamos nossas perguntas para toda a nossa rede on-line nem enviamos e-mails em massa para todas as pessoas da nossa lista de endereços. O que fizemos foi pedir recomendações a apenas um número de amigos que tinham ou publicado um livro ou trabalhado com publicações – pessoas com a qualificação desejada, especializada.

Você provavelmente já faz isso instintivamente. Talvez você tenha um amigo salvador da pátria, que saiba explicar o que está realmente acontecendo na economia (como tenho Peter Thiel). Quem sabe você conhece alguém que é especialista em compreender as pessoas e as emoções, a quem possa pedir conselhos sobre relacionamentos ou sobre como lidar com desafios interpessoais (como Ben conta com Stephen Dodson). Todos nós temos certas pessoas a quem recorrer para pedir conselhos ou informações sobre determinados temas ou assuntos, mas nem todos sabem quem procurar em sua rede para obter inteligência em várias decisões relacionadas à carreira.

Um modo de começar a pensar sobre isso é dividir as pessoas que você conhece em três categorias (às vezes parcialmente coincidentes):

1. *Especialistas em uma área.* Esses são os peritos, as pessoas que realmente conhecem o assunto em questão. Tem uma pergunta sobre como negociar seu salário? Pergunte a seu amigo advogado que já negociou um milhão de contratos.

2. *Pessoas que o conhecem bem.* Sua mãe. Seus amigos de infância. Estas são as pessoas que podem não estar por dentro dos últimos acontecimentos do setor, mas têm uma boa ideia de quais são suas prioridades, de sua personalidade e de sua história pessoal. Elas podem ajudá-lo a desabafar sentimentos confusos e, algumas vezes, até intuem como você possivelmente se sentirá em relação a várias consequências de sua decisão.

3. *Pessoas muito inteligentes.* Essas pessoas podem não ser experts em alguma área específica e podem não conhecê-lo bem. Mas,

COMECE POR VOCÊ

eventualmente, o mero cavalo de força analítico pode ser útil. No mínimo, o que quer que uma pessoa muito inteligente de fora tenha a dizer, há uma grande chance de ser completamente diferente de qualquer outra coisa que você vá ouvir.

Como regra geral, quando você quer informação de sua rede, quando tiver de tomar decisões, comece *perguntando aos especialistas em um assunto, depois fale com as pessoas com quem você tem uma forte relação pessoal*. Se você ainda não estiver satisfeito ou quiser outro ponto de vista, então recorra às pessoas muito inteligentes de fora. Iris Wong falou com o pai dela somente *depois* de falar com um amigo que tinha anos de experiência em um negócio correlato ao dela. Se você quer entrar no segmento de hospedagem, por exemplo, consulte algumas pessoas do setor (independentemente da intimidade que você tenha com elas) para ter uma noção geral de suas opções. Você talvez precise da apresentação de uma pessoa de sua rede para ficar frente a frente com os especialistas do setor – consulte o Capítulo 4 para obter mais informações sobre sua rede estendida. Depois, reúna-se com aliados mais íntimos, que o conheçam bem, para ajudá-lo a priorizar as opções e a descobrir o que mais se ajusta a você.

Se mantiver uma rede tanto abrangente quanto profunda, terá bastante de ambos os tipos com quem conversar. Lembre-se de que a amplitude gera apresentações de conhecidos que provêm de diferentes setores, demografias, formações, orientações políticas, entre outros. Em meio a toda essa diversidade (incluindo conexões de segundo ou terceiro grau), existirão especialistas em muitas áreas distintas. Com a profundidade, você mantém um grupo de relacionamentos próximos com pessoas que o conhecem bem.

Redes sociais on-line facilitam isso ao mantê-lo atualizado sobre quem você conhece e o que *eles* sabem, o que permite que você observe certas conexões com mais eficiência. Por exemplo, no LinkedIn você pode classificar suas conexões para visualizar todas as pessoas que conhece e que trabalham em um setor específico ou vivem em determinada região.

Quando estávamos pensando a quem pediríamos para ler o manuscrito deste livro, a primeira coisa que fizemos foi procurar em nossa rede do LinkedIn. Encontrei especialistas do setor que eu também conhecia profissionalmente fazendo uma busca em minhas conexões de primeiro grau com a palavra-chave "autor". (Outra razão pela qual você deveria preencher seu perfil profissional em detalhes: você tem mais chances de ser encontrado quando as pessoas fazem buscas com palavras-chave.) Separadamente, examinei minha lista "estrela do rock", que me apresentou todas as pessoas que eu havia marcado especialmente como superinteligentes (independentemente da formação). Ben fez o mesmo em sua rede e, dentre essas pessoas, pedimos feedback a um pequeno grupo.

Faça boas perguntas

Charlene Begley foi galgando a hierarquia da GE por mais de 20 anos, trocando de funções em auditoria corporativa, desenho de motor de aeronaves, aparelhagem e trens de carga. Hoje, ela é executiva sênior da matriz corporativa da GE. "Em todos esses ambientes, você tem de aprender o máximo possível no menor tempo possível, e precisa causar uma boa impressão logo de cara", responde Begley, quando questionada sobre como prosperou em tantas funções inimaginavelmente diferentes. "O segredo, na verdade, não é um segredo: você precisa fazer um monte de perguntas."[5]

Fazer um monte de perguntas também é o segredo da inteligência de rede. Parece meio óbvio, mas, se você não fizer suas perguntas de modo a produzir respostas úteis, de nada adianta.

COMECE POR VOCÊ

Aqui vão algumas dicas para se fazerem melhores perguntas:

• *Dialogue, não interrogue.* Um bate-papo animado produz as informações mais úteis. Se você estiver conversando com um mentor ou alguém obviamente superior em status, pode ser adequado e esperado que você vá fazendo perguntas. Mas, quando estiver falando com seus aliados e semelhantes, apresente suas próprias reflexões como um meio de encorajar uma conversa propriamente dita. Dê à outra pessoa alguma informação e incentivará sua reciprocidade. Mas, mesmo que você queira obter tanta informação útil quanto possível, não banque o repórter, tratando seus semelhantes como entrevistados. Permita uma troca verdadeira, uniforme; mais adiante, vocês dois trocarão informações mais valiosas.

• *Escolha a lente certa.* Um exemplo simples da diferença entre uma pergunta com lente grande angular e uma pergunta com lente macro é perguntar a um arquiteto "Qual é a importância da faculdade para alguém interessado em arquitetura?" *versus* "Qual é a cotação do programa de graduação em arquitetura de Cornell em comparação a outras faculdades?". A primeira pergunta pode gerar lengalenga sobre como a pessoa foi enganada com um programa de graduação dispendioso que não alavancou sua carreira como prometia. Por outro lado, a pergunta em macro incentiva respostas exclusivas, geralmente factuais sobre a área específica em questão – e nada mais: "Sim, a Cornell está entre as 10 melhores faculdades de Arquitetura." Quando você estiver tentando tomar uma decisão, faça perguntas amplas para descobrir quais critérios deveria estar usando; faça perguntas diretas para descobrir que peso você deveria dar a cada um deles. Por exemplo, em primeiro lugar, pergunte aos especialistas de alguma área: "O que devo considerar quando for avaliar os prós e contras dessa oportunidade?" Depois, uma vez que

Diga-me com quem andas e eu te direi o que sabes

você tenha selecionado seus critérios, peça a um grupo mais sele-cionado (incluindo as pessoas que o conhecem bem) informações específicas sobre os fatores X e Y.

• *Formule e elucide.* Inúmeros estudos mostram que o modo como uma questão é formulada ou elucidada influencia como será respondida. Portanto, para conseguir a inteligência da mais alta qualidade, você terá de formular a mesma pergunta de várias ma-neiras. Pergunte a alguém "Quais são as três maiores coisas que você fez corretamente na época em que trabalhou na empresa na qual estou prestes a entrar?" Depois pergunte à mesma pessoa: "Quais são as três coisas que você *não* fez e desejaria ter feito na empresa?" Você poderá conseguir uma resposta mais proveitosa sobre as expe-riências de alguém com a formulação negativa – existe algo no arre-pendimento que leva a insights honestos e úteis. Outra maneira de elucidar a pergunta é sugerir alguns exemplos de resposta para dar uma noção do tipo que você está procurando. "O que você vê como prós e contras na faculdade de Arquitetura? Por exemplo, talvez um pró seja que eu vá aumentar minha rede de arquitetos?" Ao oferecer o *tipo* de resposta que lhe será útil, você estimula um nível similar de especificidade.

• *Acompanhe e investigue.* É raro conseguir a inteligência de uma pessoa com uma única pergunta. Acompanhe e investigue as pala-vras com função adjetiva. Se alguém diz "É muito arriscado traba-lhar na Microsoft", continue com "O que você quer dizer com 'ar-riscado'?". Se essa pessoa disser que "Não existe muita estabilidade no emprego", pergunte o que "não muita" significa. Investigue até que uma resposta mais aprofundada tome forma. Algumas pessoas hesitam em fazer uma grande quantidade de perguntas porque te-mem passar por ignorantes. Isso não vai acontecer. Fazer muitas

COMECE POR VOCÊ

perguntas fará você parecer uma pessoa curiosa, inteligente, ávida por informações valiosas.

Finalmente, lembre-se de que, se conseguir propor uma questão direta, muito detalhada, já terá avançado em seu raciocínio e estará fechado para uma resposta. Para ansiedades crônicas, como um todo, às vezes é difícil formular uma pergunta específica. Talvez você esteja vagamente preocupado com alguma coisa, mas não consegue definir o que é. Alguma coisa não está indo bem no meu trabalho. O que está acontecendo? Mesmo que não consiga expressar em palavras exatamente o que o está atormentando, sua rede ainda pode servir como uma valiosa inteligência, embora em um processo mais complexo. Para preocupações vagas ou não muito claras, mobilize pessoas pessoalmente e tente trazer os assuntos à baila durante uma longa conversa.

A serendipidade da ocasião

Como dissemos no Capítulo 5, a serendipidade surge quando você está em movimento, quando está *fazendo coisas*. A inteligência de rede serendipitosa aparece de maneira parecida – quando você está *mobilizando as pessoas*. Se você mantém contato e se faz presente, alguém pode lhe encaminhar um e-mail com informações relevantes somente porque está pensando em você. E nunca se sabe que preciosidades alguém pode deixar escapar durante uma festa ou um almoço casual. A inteligência serendipitosa é a razão pela qual as startups de tecnologia se mudam para o Vale do Silício apesar da acirrada concorrência por talento, recursos e atenção.

Assim como existem coisas que você pode fazer para provocar serendipidade, existem meios para provocar a inteligência

Diga-me com quem andas e eu te direi o que sabes

serendipitosa. Guarde umas poucas perguntas gerais na manga para fazer às pessoas nesses tipos de situações ou circunstâncias. Uma pergunta na manga pode ser tão aberta quanto "Qual é a coisa mais interessante que você aprendeu nos últimos meses?" (o Economista Tyler Cowen faz essa mesma pergunta a Ben toda vez que eles se veem), ou tão fechada quanto "Você sabe de algum incrível empreendedor ou startup em que eu possa investir?" (Faço essa pergunta a qualquer pessoa do ecossistema empresarial durante conversas casuais.) Você nunca sabe aonde essas perguntas podem levar – possivelmente a algo interessante.

Nos dias de hoje, cada vez mais inteligência de rede serendipitosa está emergindo on-line. Quando você navega pelas notícias de uma de suas conexões do LinkedIn ou do Facebook, não está necessariamente procurando algo em particular, mas pode dar de cara com um artigo interessante sobre seu setor, ou ver que um antigo colega de trabalho se mudou para uma empresa na qual você quer trabalhar ou saber de um amigo que abriu um negócio com quem gostaria de fazer parceria.

Além disso, se estiver cadastrado no Amazon, no LinkedIn, no Yahoo, no Facebook, no Yelp, no Google e em outros "sinais de discagem" de internet, como o CEO do Zynga, Mark Pincus, os chama, é possível personalizar sua inteligência serendipitosa. Inscreva-se na CNN.com e você poderá levantar artigos que seus amigos do Facebook compartilharam. Dê uma olhada na lista das "100 Melhores Empresas Onde Trabalhar" da revista *Fortune* e, ao lado de cada empresa, encontrará uma lista de suas conexões do LinkedIn até o terceiro grau que trabalham lá – facilitando concentrar-se nas empresas em que você já tem um pé dentro. Em vez de um editor anônimo ou um processo de cálculo dizendo a milhões de leitores o que é importante ou relevante, o levantamento de uma Web social permite que conexões confiáveis ajam como curadores de informação.

COMECE POR VOCÊ

Por fim, injetar informação em sua rede aumenta suas chances de inteligência serendipitosa. Publique um artigo, envie uma citação por e-mail, encaminhe uma oferta de trabalho e, de outras maneiras, compartilhe pequenos presentes com sua rede. Seus amigos apreciarão sua iniciativa e você aumentará suas chances de aquelas mesmas pessoas responderem na mesma moeda e, no futuro, enviarem inteligência a *você*.

SINTETIZE A INFORMAÇÃO EM INTELIGÊNCIA QUE POSSA SER USADA

Depois de 10 anos em finanças e em negócios de bancos de investimento internacional, Catherine Markwell queria sair da rotina. A cultura de finanças era tal que, no momento em que você fechasse um acordo, já deveria estar ansioso pelo próximo, e depois pelo seguinte. Ela não percebia com clareza que todas as negociações estavam contribuindo para melhorar o mundo. Ela queria fazer alguma coisa mais significativa. Um emprego com um objetivo não é um desejo incomum, mas transformar esse sentimento em algo que pague as contas é um desafio maior. Os amigos de Catherine a encorajaram a levar sua experiência de negociação para o setor sem fins lucrativos. Ela ficou curiosa, mas se sentia intimidada de abandonar as finanças e entrar em um setor em que ela nunca havia trabalhado em período integral e com poucas conexões.

Muitas pessoas na posição de Catherine teriam parado para pensar nesse ponto. Muita gente inteligente é propensa a analisar demais e tende a ficar paralisada pela indecisão frente a esse tipo de momento crítico. Mas Catherine sabia bem que não iria conseguir resolver aquilo sozinha.

Uma das primeiras pessoas para quem ela ligou foi Hale Boggs, seu advogado dos tempos em que trabalhou em operações bancárias.

Hale conhecia bem Catherine. Ele sabia que ela tinha grandes ambições, mas, no fundo, era uma pessoa cautelosa. Então, ele a aconselhou a adquirir um pouco de experiência trabalhando em uma instituição sem fins lucrativos que já existia antes de tentar começar uma nova fundação que pudesse dar certo no nível em que ela aspirava. Catherine concordou com ele e começou a procurar empregos em organizações estabelecidas, como a Cruz Vermelha.

Ao mesmo tempo, Hale apresentou Catherine a amigos e ao venture capitalist Tim Draper com a esperança de que Tim pudesse identificar oportunidades em entidades locais sem fins lucrativos. Acontece que Tim realmente sabia de uma boa oportunidade – sua própria organização. Dois anos antes, Tim havia organizado uma pequena fundação chamada BizWorld no piso de baixo do seu escritório de venture capital, em Menlo Park. A BizWorld tinha por objetivo difundir a paixão pelo currículo empreendedorístico para estudantes do ensino fundamental em todo o mundo. Era uma visão poderosa, mas Tim não tinha tempo para dirigi-la. Ele queria que Catherine se tornasse a CEO da fundação.

Catherine adorou o conceito – negócios, finanças pessoais e empreendedorismo eram temas pelos quais ela era apaixonada. E mais: dirigir uma pequena fundação já existente significaria que ela teria a responsabilidade que tinha imaginado quando pensou em abrir sua própria organização, enquanto estivesse aprendendo com uma operação que já estava funcionando. Só havia um obstáculo em potencial. Ela teria que ter um ótimo relacionamento com o único fundador e patrocinador: Tim.

Conferir, verificar referências e obter um profundo conhecimento sobre outra pessoa é algo que os empreendedores fazem todas as vezes que contratam uma nova pessoa, e é algo que todo profissional faz muitas, muitas vezes em sua carreira. Quando se atua em uma rede, é possível até fazer as mesmas verificações das referências das

COMECE POR VOCÊ

pessoas *para* as quais se está pensando em trabalhar, por exemplo, um chefe em potencial. Se você está verificando a referência de chefes, organizações, possíveis colegas de trabalho ou pessoas que o encarregaram de contratações, uma fonte de informação dá conta de tudo: *outras pessoas*. As pessoas podem oferecer análises honestas e variadas de competência e caráter, coisas que o currículo, a busca do Google e as páginas da Wikipedia não podem fazer. Catherine sabia disso e, justamente por esse motivo, acessou sua rede para descobrir tanto quanto possível sobre Tim. Ela enviou e-mails para empreendedores, outros capitalistas de risco e prestadores de serviço do Vale do Silício – especialistas na área de Tim. Consultou pessoas que o conheciam bem e pessoas que não o conheciam bem. Ela consultou as pessoas que suspeitava que diriam coisas boas sobre Tim, mas também buscou pessoas que ela acreditava que seriam mais críticas. "Não havia muita coisa on-line sobre Tim naquela época", diz Catherine, explicando seu processo de colher inteligência de rede. "De tudo quanto escreveram sobre ele na imprensa, nada trazia o tipo de detalhamento pessoal que eu estava procurando. Então, fiz telefonemas e enviei e-mails para um monte de pessoas diferentes com as mesmas perguntas."

Sua rede retornou com sinalizações que a convenceram sobre Tim e também sobre a oportunidade na BizWorld. Então, Catherine decidiu juntar-se à BizWorld como diretora em março de 2003. Ela efetivamente relançou a fundação, aclarou sua missão e adicionou programação e pessoal. Quase uma década mais tarde, ainda está satisfeita na BizWorld, e sua parceria com Tim continua forte. Catherine acredita que está fazendo mais diferença no mundo agora do que jamais poderia fazer como banqueira.

A coisa mais interessante sobre esta história é que Catherine nunca teria chegado à decisão a que chegou se não tivesse *sintetizado* a informação de suas diversas fontes. Se ela tivesse falado apenas com Hale Boggs, provavelmente teria acabado trabalhando na Cruz Vermelha. Se ela não obtivesse informações sobre Tim Draper, poderia ter concluído que trabalhar em tamanha proximidade com um completo estranho era um risco muito grande. Mas, quando ela juntou todas as correntes de informação que recebeu, uma imagem mais nítida se revelou – uma imagem que, no final, a levou à decisão correta.

• • •

Lembre-se de que os cientistas da NOAA não podem prever um tsunami com base em um único sensor no oceano. Para chegar a um parecer, eles (1) coletam leituras de *diversos* sensores espalhados pelos oceanos Atlântico e Pacífico, (2) analisam cada informação que entra, e (3) sintetizam as várias correntes de dados para compreender como os diferentes fragmentos se encaixam.

Até este ponto, falamos sobre o primeiro passo: obter informação de diversas pessoas de sua rede. Uma vez que você tenha reunido as informações, o próximo passo é analisar a veracidade, a utilidade e a relevância daquilo que cada pessoa disse. Lembre-se de que *todas as pessoas* têm predisposições – até mesmo seus pais ou seus melhores amigos. Não é que eles estejam tentando manipulá-lo. É apenas a natureza de ser humano com experiências pessoais e interesses próprios. As predisposições podem ser óbvias ou não evidentes, conscientes ou subconscientes. Um amigo que está prestes a receber um bônus por indicar novas contratações em sua empresa pode encorajá-lo com entusiasmo para pedir um emprego lá – uma predisposição que parece transparente e relativamente inofensiva. Amigos que encorajam as escolhas de carreira que, coincidentemente, são as mesmas que eles fizeram – esta é uma predisposição velada da qual você e eles podem não estar conscientes, e por isso é um pouco mais perigosa. Ao obter

COMECE POR VOCÊ

informações e recomendações de várias fontes, pense como os objetivos, as ambições e as experiências pessoais dos indivíduos podem ter contribuído para dar um colorido à sua posição. A predisposição não é motivo para desprezar a informação ou o conselho por completo; somente leve-a em conta em sua análise (como Iris Wong fez quando questionou se interpretava o conselho de suas colegas de trabalho como ceticismo racional ou ansiedade superexaltada).

A síntese é o passo final decisivo. Se você não voltar e formar uma visão global com tudo o que lhe foi informado, vai se sentir como se estivesse se enfiando no meio dos convidados de um coquetel ouvindo as conversas aqui e ali, mas incapaz de apreender algo de substancial. Sintetizar o que chega a você consiste em harmonizar conselhos e informações conflitantes (que são inevitáveis quando você está mexendo com diversas correntes de pessoas variadas), ignorar as informações que você acredita serem completamente infundadas e pesar as informações de cada pessoa de modo diferente. Este é um processo cognitivo complexo. Por ora, vamos apenas dizer que, quando se trata de inteligência, *uma boa síntese é o que faz o todo valer mais do que a soma das partes.*

Quando Catherine Markwell reuniu o feedback de sua rede sobre como abrir uma instituição sem fins lucrativos, disseram-lhe que ela deveria trabalhar em uma fundação já estabelecida antes de dirigir a sua própria. Era um conselho sensato e ela planejou segui-lo. Então, ela foi apresentada (por meio de sua rede) a uma oportunidade de relançar uma fundação já existente ainda em sua infância. Ela não estaria ganhando experiência em uma entidade já estabelecida, como a Cruz Vermelha, como seu amigo de confiança havia recomendado a ela. Mas *estaria* entrando no mundo sem fins lucrativos com a oferta de uma posição próxima ao mesmo controle que teria se houvesse aberto sua organização. A recomendação original de trabalhar para a Cruz Vermelha antes não foi completamente ignorada. Ela foi meramente inserida no contexto junto com as outras oportunidades – foi costurada juntamente com outras informações. Isso é síntese.

. . .

Obter uma boa inteligência de rede é difícil. Qualquer um pode ler um livro ou um blog. Qualquer um pode conversar com pessoas aleatoriamente pelo escritório ou pela vizinhança. É mais difícil identificar as pessoas certas com quem falar sobre diferentes assuntos, fazer perguntas a essas pessoas que extraiam o máximo de respostas proveitosas e juntar os pontos em algo significativo. A inteligência de rede é a fase avançada do jogo: se você jogar direito, ele lhe dará uma vantagem competitiva.

No final, somente você pode julgar se uma oportunidade vale a pena, se pivotar para o Plano B é necessário, se determinado indivíduo é um aliado confiável – se qualquer decisão é adequada a você. **Eu**Nós significa que sua rede pode ajudá-lo a decidir sobre uma direção e, então, ajudá-lo a se movimentar rapidamente, mas somente você pode levar o processo adiante.

COMECE POR VOCÊ

INVISTA EM SI MESMO

No dia seguinte:

- Personalize seu serviço de notícias do LinkedIn para que apresente as informações mais úteis. Selecione quais tipos de atualizações você deseja ver em sua rede. Vá até Signal (linkedin.com/signal) e salve as pesquisas nos tópicos relevantes.

- Se você usa o Twitter, está seguindo as pessoas que deveria seguir? Confira sua lista e adicione ou remova o que precisar.

Na próxima semana:

- Defina em quem você confia em relação a diferentes assuntos. Classifique suas conexões em áreas de especialidades diferentes, pessoas que você conhece bem e pessoas que podem não ter conhecimento técnico especializado, mas são apenas inteligentes em geral. Quem é a pessoa a quem você deve recorrer quando se trata de tecnologia? De quem você se aproximaria para discutir um problema interpessoal que está tendo com um colega de trabalho?

- Faça uma lista de dois ou três assuntos mais importantes em que você está pensando e guarde perguntas sobre esses assuntos na manga para que possa propô-las durante uma conversa.

- Divulgue um artigo por semana para uma lista de e-mails, um blog, seguidores do Twitter, suas conexões no LinkedIn ou amigos do Facebook. Lembre-se de que encaminhar informações interessantes para sua rede aumenta as chances de outras pessoas lhe enviarem informações valiosas.

Diga-me com quem andas e eu te direi o que sabes

No próximo mês:

• Marque três almoços para as próximas semanas: um com alguém que se encontre alguns degraus acima de você no setor; outro com um velho amigo que não tem visto há algum tempo; e outro com alguém de um setor adjacente cuja carreira você admire. Faça isso, mesmo que atualmente não esteja tendo uma dúvida urgente ou enfrentando um desafio na carreira. Pesquise assuntos em geral, que não necessariamente são notícias. Conversas animadas às vezes podem levar à inteligência serendipitosa.

• Torne-se uma pessoa a quem outras podem recorrer em sua rede em certos assuntos. Informe às suas conexões seus interesses e habilidades escrevendo em um blog ou e-mails, ou criando grupos de discussão. Quando as pessoas vierem até você em busca de inteligência, você estará simultaneamente adquirindo a inteligência delas.

Conclusão

Você nasceu empreendedor.

No entanto, isso não garante que você vá viver como um. Os instintos precisam ser alimentados. O potencial precisa concretizar-se. Você pode assumir o controle de sua vida e aplicar habilidades como empreendedor em qualquer tipo de trabalho que faça – a questão é: *você vai fazer isso?*

O mundo moderno exige que se faça isso. Vivemos em uma economia competitiva, interconectada, que muda rapidamente. Mudanças constantes e a incerteza tornam qualquer estratégia tradicional de carreira inútil. A escada rolante da carreira está permanentemente lotada. O pacto empregador-empregado está se dissolvendo. A concorrência pela oportunidade é acirrada.

Lembre-se de que "Você" em *Comece por você* também inclui as outras pessoas com quem se relaciona. Apesar de termos oferecido uma variedade de estratégias individuais para navegar por entre as novas realidades, sua rede as amplifica: a potência do $Eu^{Nós}$ é que permite que você sobreviva e prospere. Os profissionais globais competitivos atuam por meio de fortes redes. Como discutimos, os aliados ajudam a desenvolver vantagem competitiva, fazer o planejamento ABZ, buscar oportunidades de virada, correr riscos

COMECE POR VOCÊ

inteligentes e acessar sua inteligência de rede. Você definitivamente precisa tomar a frente de *sua* carreira, mas também precisa investir na carreira das outras pessoas da sua rede, que o ajudarão e a quem você ajudará no futuro.

Além de você e da rede à sua volta, há um espaço mais amplo que molda sua carreira em potencial: a natureza da *sociedade* em que você vive. Se a cultura, as instituições e a população locais não engendrarem uma vida empreendedora, as estratégias de *Comece por você* renderão apenas uma pequena parcela de seu verdadeiro potencial.

Um empreendedor que está tentando construir um negócio em uma sociedade doente é como uma semente em um vaso que nunca é regado: não importa quanto talento esse empreendedor tenha, seu negócio não consegue render frutos. Como Warren Buffett diz: "Se você me colocar no meio de Bangladesh ou no Peru ou em um lugar desses, vai descobrir quanto este talento vai produzir no tipo de solo errado." Berkshire Hathaway foi fundado na América porque há mais oportunidade de negócios no país com instituições efetivas, um Estado de Direito, segurança e uma cultura que aceita o risco, entre outras qualidades intangíveis. E, quando um Warren Buffett tem a oportunidade de prosperar, todos na sociedade se beneficiam. O solo recebe nutrientes para as sementes da criatividade de outras pessoas. É por isso que as empresas inteligentes que têm fins lucrativos alinham seus objetivos de negócios com fins lucrativos aos resultados sociais desejáveis. É também por isso que elas reservam tempo e dinheiro para ajudar as comunidades nas quais atuam diretamente. No LinkedIn, os empregados recebem dias de folga para ser voluntários em instituições sem fins lucrativos. Essas iniciativas beneficentes fazem bem *e* ajudam no resultado final. Elas fortalecem a conexão da empresa tanto com os consumidores atuais quanto com os prováveis e com seus empregados.

Conclusão

A saúde de uma sociedade molda os resultados dos profissionais individualmente de modo semelhante. É difícil construir uma carreira brilhante se a sociedade em que você vive se caracteriza por extrema pobreza, serviços e infraestrutura deficiente ou baixos níveis de segurança. Em primeiro lugar, há menor quantidade de bons empregos em um lugar em decadência, como em Detroit. Mas isso passa ao largo de onde existe a maior quantidade de vagas. Em sociedades saudáveis, as pessoas têm maior chance de compartilhar informações, juntar-se a grupos e colaborar em projetos – todas essas são atividades que, mais cedo ou mais tarde, aumentam as oportunidades de carreira, tanto para você quanto para as pessoas que vêm ao seu encontro.

Reflita cuidadosamente sobre onde prefere viver e trabalhar. Depois, comprometa-se a melhorar qualquer que seja a comunidade em que vive. Você não precisa ser uma Madre Teresa. Investir na sociedade pode ser tão simples quanto uma vez por ano fazer alguma coisa que não seja diretamente por si mesmo. Faça algo que esteja alinhado com seus valores e aspirações e que, preferencialmente, alavanque seus recursos subjetivos e materiais exclusivos – em outras palavras, use suas vantagens competitivas. Ainda melhor, envolva-se em organizações e tente sistematicamente melhorar a sociedade em geral. Kiva.org permite microempréstimos globais para reduzir a pobreza; Endeavor.org promove o empreendedorismo em mercados emergentes; a Start-Up America ajuda a apoiar empreendedores em todo o território dos Estados Unidos. Estou no conselho das três organizações.

Para mim e Ben, esta obra é um dos presentes que oferecemos à sociedade. Acreditamos que as ferramentas deste livro podem melhorar tanto sua vida quanto a sociedade. Algumas vezes retribuir pode ser apenas difundir ideias importantes.

Ao longo do caminho, obviamente, o apreço de outras pessoas pode fazê-lo sentir-se bem consigo mesmo, assim como empresas

COMECE por VOCÊ

apreciam a contribuição da imprensa em sua filantropia. Mas retribuir significa muito mais: você enriquece o solo para futuras gerações, como as gerações passadas fizeram por você. É a coisa certa a fazer.

Invista em si mesmo, invista em sua rede *e* invista na sociedade. Investir nos três ao mesmo tempo é o melhor jeito de usar todo o seu potencial profissional. E tão importante quanto isso: você também tem mais chance de mudar o mundo.

. . .

Uma observação final. Livros, palestras e artigos sobre empreendedorismo afirmam transmitir as grandes regras do negócio. A ironia é que os empreendedores extraordinários tendem a desafiar as regras e parcialmente ignorar os "especialistas" – eles inventam seus próprios princípios, suas próprias regras gerais. Afinal, para se diferenciar no mercado, o jeito é *não* fazer o que todo mundo está fazendo.

Existe uma batelada de livros parecidos sobre carreira cheios de regras de "especialistas". É claro, acreditamos que a maioria dos profissionais não tem ideia do que significa administrar uma carreira como se fosse uma iniciativa startup; acreditamos que, se colocar em prática as estratégias discutidas nestas páginas, você *vai* conseguir uma vantagem. Mas pense nelas como diretrizes; não como leis da natureza. Às vezes, para fazer uma coisa funcionar, você precisa avançar sobre o meio-fio de uma dessas regras. Algumas vezes, vai desenvolver novas regras para se manter à frente da concorrência. Uma das mensagens mais importantes que esperamos que tenha assimilado deste livro é que você está mudando, as pessoas à sua volta estão mudando e o mundo como um todo está mudando – então, é inevitável que a cartilha evolua e seja adaptada.

Portanto, comece a explorar sua rede. Comece a investir em habilidades. Comece a correr riscos inteligentes. Comece a buscar as grandes oportunidades. Mas, acima de tudo, comece a tecer os próprios planos exclusivos de carreira; comece a adaptar essas regras à sua própria vida adaptável.

Porque a vida está permanentemente em beta, o truque é nunca parar de começar.

Comece por você

Reid e Ben
www.startupofyou.com/start

Conecte-se a nós

No site da edição americana, www.startupofyou.com, você vai encontrar (em inglês) mais informações e estratégias avançadas para investir em si mesmo, fortalecer sua rede e transformar sua carreira. E vai poder conectar-se com outros profissionais, também em beta permanente, que o ajudarão a sair das ideias para a ação, do conhecimento para a execução.

．．．

No Twitter, você vai nos encontrar em @startupofyou. Insira o jogo da velha **#startYOU** para seus seguidores sobre planejamento ABZ, redes, vantagem competitiva e qualquer outra ideia do livro. Nós responderemos e ofereceremos as melhores perguntas, comentários ou ideias que circulam no Twitter. Vejo você on-line!

Leituras complementares

Seguem mais informações sobre os livros a que nos referimos nos capítulos anteriores e algumas recomendações adicionais em temas relacionados. Em nosso site, disponibilizamos links para cada um desses livros e para inúmeros artigos, blogs e feeds do Twitter, entre outros.

Free Agent Nation: The Future of Working for Yourself
De Daniel H. Pink

Em 2002, Pink popularizou a expressão "free agent" para descrever o fenômeno do emprego autônomo nos Estados Unidos. Naquela época, Pink estimava que cerca de um quarto ou um terço dos americanos era de prestadores de serviços independentes. Ele investiga seus comportamentos em relação a autonomia, redes informais, redes de segurança autoconstruídas, entre outros. A disposição mental das pessoas autônomas que Pink descreve é relevante para qualquer um que queira pensar mais como empreendedor.

COMECE POR VOCÊ

A marca você: 50 maneiras de se reinventar: de empregado a agente de mudanças: trabalho = envolvimento e paixão!
De Tom Peters

Esta é a versão em livro do famoso artigo de Tom Peters publicado em 1997 na revista *Fast Company* intitulado "The Brand Called You". Peters foi o precursor da ideia de "Você, S.A.". Ele diz que você deveria pensar naquilo em que se sobressai e, então, ativamente promover as habilidades, conquistas e paixões que o diferenciam – que, juntas, constituem sua marca pessoal –, assim como uma empresa promoveria seus produtos e serviços.

Identidade de carreira: a experiência é a chave para reinventá-la
De Herminia Ibarra

Excelente livro sobre reinvenção e transição de carreira. Professora de comportamento organizacional do INSEAD, Ibarra conta as histórias de homens e mulheres que pivotaram para novos setores. Ela atenta para o quanto é difícil livrar-se da antiga identidade e criar uma nova. Ela enfatiza a importância da experimentação. E martela a ideia de que não existe "um verdadeiro eu" que possa ser descoberto.

Só os paranoicos sobrevivem: como tirar melhor proveito das crises que desafiam carreiras e empresas
De Andrew S. Grove

Andy Grove, um dos fundadores da Intel, apresenta o conceito de Pontos de Inflexão Estratégicos: momentos cruciais na vida de uma empresa em que as atitudes tomadas determinarão se a empresa sobreviverá à mudança brutal do ambiente e emergirá mais forte do que nunca ou se ela enfraquecerá drasticamente. Grove argumenta em favor de enfrentar a mudança. A edição mais recente do livro contém um capítulo extra muito útil sobre pontos de inflexão de carreira.

One Person/Multiple Careers: A New Model for Work/Life Success

De Marci Alboher

Marci afirma que você pode combinar interesses de carreiras aparentemente diferentes em uma unidade integrada – reunir tudo. Você não precisa trabalhar em um setor por um longo período e, então, dar o tão temido salto para outro. Marci entrevista advogados/chefs, jornalistas/médicos, entre outros, que têm uma "carreira barra carreira". O livro apresenta um modo de pensar completamente novo sobre unir paixões.

Different: Escaping the Competitive Herd

De Youngme Moon

Moon argumenta que ter uma verdadeira vantagem competitiva no atual mundo de negócios significa que uma empresa deve ser fundamentalmente diferente desde o início. Ela não pode incorporar diferenciadores *a posteriori*. Leitura recomendada para explorar com mais detalhes o conceito de vantagem competitiva.

Your Career Game: How Game Theory Can Help You Achieve Your Professional Goals

De Nathan Bennett e Stephen A. Miles

Esse é um aconselhamento profissional prático em um estilo excepcionalmente extenso e denso. Bennett e Miles entrevistam altos executivos sobre suas carreiras e deduzem os princípios do sucesso. Eles

COMECE POR VOCÊ

dão ênfase à "agilidade na carreira" e fazem uma reflexão cuidadosa sobre criar diferenciação como profissional.

A invenção do ar: uma saga de ciência, fé, revolução e o nascimento dos Estados Unidos
De Steven Johnson

Uma história sobre a vida e os momentos de Joseph Priestley, a primeira pessoa a descobrir o oxigênio e a primeira pessoa a perceber que as plantas também o estavam gerando. Johnson mostra que a "descoberta" do oxigênio não era o resultado de um simples instante de eureca, mas o resultado de muitas experiências e influências por um longo período. A discussão sobre as redes e os relacionamentos de Priestley são particularmente importantes para redes de carreira e relacionamentos.

De onde vêm as boas ideias
De Steven Johnson

Johnson explica as causas ambientais da inovação, incluindo o papel das redes abertas, da colaboração, da serendipidade, dos nichos paralelos e muitos outros conceitos relevantes na criação de grandes oportunidades de carreira. Uma excelente análise.

The Power of Pull: How Small Moves, Smartly Made, Can Set Big Things in Action
De John Hagel III, John Seely Brown e Lang Davison

Os autores afirmam que o modelo de aquisição do conhecimento do século XXI consiste em "extrair" informação de "correntes de conhecimento" dinâmicas. Colocando a rede social no centro da coleta de

Leituras complementares

informação e da circulação de oportunidades, o livro complementa
bem nossa discussão sobre serendipidade e inteligência de rede.

Little Bets: How Breakthrough Ideas Emerge from Small Discoveries

De Peter Sims

Adapt: Why Success Always Starts with Failure

De Tim Harford

Peter e Tim defendem uma abordagem experimental para os negócios, a política e a vida. Em vez de fazer grandes apostas em grandes
iniciativas que levam tempo para dar lucros, as empresas – e os indivíduos – deveriam correr pequenos riscos e ver quais terminam bem.
Eric Schmidt, do Google, chama essa filosofia de "o maior número
de *at-bats** por unidade de tempo".

The Happiness Hypothesis: Finding Modern Truth in Ancient Wisdom

De Jonathan Haidt

Haidt, professor de Psicologia da University of Virginia, apresenta
insights fascinantes sobre a última pesquisa sobre felicidade. Em um
capítulo, ele escreve sobre como os humanos estão mais preocupados
em evitar o risco do que em aproveitar o lucro, o que é relevante para
nossa discussão de riscos e oportunidades.

---

* *Nota da Tradutora*: Expressão do jogo de beisebol, equivalente a uma passagem pelo
bastão.

COMECE POR VOCÊ

Streetlights and Shadows: Searching for the Keys to Adaptive Decision Making

De Gary Klein

Um conjunto de ideias originais contrárias à intuição sobre como tomar melhores decisões. Diferente de muitos livros sobre tomada de decisão, Klein supõe que você tem informações incompletas e níveis elevados de incerteza – em outras palavras, ele parte do princípio de que você vive no mundo real, e não em um laboratório acadêmico.

Connected: The Surprising Power of Our Social Networks and How They Shape Our Lives

De Nicholas Christakis e James Fowler

Usando uma ampla pesquisa (ainda que não totalmente comprovada), os cientistas sociais Christakis e Fowler discutem que as conexões até três níveis de distância de nós têm profundo efeito em nossa mente e em nosso corpo. Christakis e Fowler dizem que refletimos muito as companhias que temos – até o terceiro grau.

Working Together: Why Great Partnerships Succeed

De Michael D. Eisner com Aaron Cohen

Eisner, antigo CEO da Disney, escreve sobre 10 parcerias notáveis. Susan Feniger e Mary Sue Milliken são retratadas no livro, assim como Brian Grazer e Ron Howard, Warren Buffett e Charlie Munger, Bill Gates e Melinda Gates, entre outros. Essas histórias inspiradoras mostram o poder da aliança.

Pull: Networking and Success Since Benjamin Franklin

De Pamela Walker Laird

Laird acaba com a ideia do "homem que se fez sozinho" e acrescenta profundidade histórica à ideia de **Eu**[Nós]. Uma boa descrição de como figuras famosas, como Ben Franklin, atuavam dentro de uma teia de apoio social.

Superconnect: The Power of Networks and the Strength of Weak Links

De Richard Koch e Greg Lockwood

Uma exploração em profundidade dos "laços fracos", incluindo uma análise dos estudos acadêmicos que cunharam o termo, e o que profissionais precisam saber sobre como laços fracos funcionam em uma rede social.

The Future Arrived Yesterday: The Rise of the Protean Corporation and What It Means for You

De Michael Malone

Como é uma empresa do futuro? Michael diz que é uma "corporação multifacetada", capaz de se adaptar constantemente a novos desafios reestruturando-se de forma instantânea. Organizações como a Wikipedia e o Google encaixam-se nesse molde. Esse livro traz uma fascinante descrição do local de trabalho de amanhã.

Notas

Capítulo 1

1. "Centuries of immigrants" (séculos de imigrantes) e "risked everything" (arriscaram tudo) foram inspirados no discurso de Barack Obama no Estado da União em 2011. "Obama's Second State of the Union (...)", *The New York Times*, 25 jan. 2011, http://www.nytimes.com/2011/01/26/us/politics/26obama-text.html?_r=1&sq=obama%20state%20 union&st=cse&scp=2&pagewanted=all

2. Ronald Brownstein, "Children of the Great Recession", *The Atlantic*, 5 mai. 2010, http://www.theatlantic.com/special-report/the-next-economy/archive/2010/05/children-of-the-great-recession/56248/

3. Ibidem.

4. Mãe de todas as redes de segurança, a Previdência Social deveria ser financiada pelo governo federal... um governo que, por acaso, tem uma dívida de trilhões de dólares. Se você tem seus 20 ou 30 anos, quando se aposentar, provavelmente receberá em dinheiro pelo menos 25% a menos do que seus pais. (Analistas mais draconianos preveem que os jovens de hoje não receberão nada.) Pense no imposto da Previdência Social que sai do seu salário como se você fosse fazer um empréstimo a

COMECE POR VOCÊ

um primo em segundo grau que tem um problema com drogas – você pode receber o dinheiro de volta, mas não deve contar com isso.

5. "Cost-Cutting Strategies in the Downturn: A Delicate Balancing Act", Mai. 2009, http://www.towerswatson.com/assets/pdf/610/CostCutting-RB_12-29-09.pdf.

6. Andy Kessler, "Is Your Job an Endangered Species?", *Wall Street Journal*, 17 fev. 2011, http://online.wsj.com/article/SB10001424052742870 3439504576116340050218236.html.

7. Veja os links na discussão de Will Wilkinson "Are ATMs Stealing Jobs?", *The Economist*, 15 jun. 2011, http://www.economist.com/blogs/democracyinamerica/2011/06/technology-and-unemployment.

8. Alex Taylor III, *Sixty to Zero* (New Haven: Yale University Press, 2011), 14.

9. "Population of the 20 Largest US Cities, 1900–2005", *Information Please*, http://www.infoplease.com/ipa/A0922422.html.

10. "Address in Detroit at the Celebration of the City's 250th Anniversary", 28 jul. 1951, em *Public Papers of the Presidents of the United States: Harry S. Truman, 1951: Containing the Public Messages, Speeches, and Statements of the President, January 1 to December 31, 1951* (Washington, DC: General Services Administration, National Archives and Records Service, Office of the Federal Register, 1965), 429.

11. Andrew Malcolm, "Obama Takes the Wheel from Detroit", *Los Angeles Times*, 30 mar. 2009, http://latimesblogs.latimes.com/washington/2009/03/obama-to-detroi.html.

12. Estatísticas de Charlie LeDuff, "What Killed Aiyana Stanley-Jones?", *Mother Jones* (nov./dez. 2010), http://motherjones.com/print/79151.

Notas

13. John Hagel III, John Seely Brown, Duleesha Kulasooriya e Dan Elbert, "Measuring the Forces of Long-term Change: The 2010 Shift Index", Deloitte Center for the Edge (2010), 2, http://www.deloitte.com/assets/Dcom-UnitedStates/Local%20Assets/Documents/TMT_us_tmt/Shift%20Index%202010/us_tmt_si_shift%20Index2010_110310.pdf.

14. Reed Hastings, segundo o que foi dito a Amy Zipkin, "Out of Africa, Onto the Web", *The New York Times*, 17 dez. 2006, http://www.nytimes.com/2006/12/17/jobs/17boss.html.

15. Rick Newman, "How Netflix (and Blockbuster) Killed Blockbuster", *U.S. News & World Report*, 23 set. 2010, http://money.usnews.com/money/blogs/flowchart/2010/9/23/how-netflix-and-blockbuster-killed-blockbuster.html.

16. Greg Sandoval, "Blockbuster Laughed at Netflix Partnership Offer", CNET *News*, 9 dez. 2010, http://news.cnet.com/8301-31001_3-20025235-261.html.

17. "Netflix Opens New Shipping Center; Lakeland Facility Expands One-Day Delivery to Central Florida", PR Newswire, 15 jan. 2004, http://www.highbeam.com/doc/1G1-131553666.html.

18. Company 2009 10-K SEC filings.

19. Jeffrey Bezos, carta aos acionistas, abr. 2010, http://phx.corporate-ir.net/External.File?item=UGFyZW50SUQ9Mzc2NjQ0fENoaWxkSUQ9Mzc1Mjc5fFR5cGU9MQ==&t=1.

20. Jeffrey Pfeffer, *Power: Why Some People Have It—And Others Don't* (New York: HarperBusiness, 2010), 49.

COMECE POR VOCÊ

Capítulo 2

1. John Hagel III, John Seely Brown e Lang Davison, *The Power of Pull: How Small Moves, Smartly Made, Can Set Big Things in Motion* (New York: Basic Books, 2010), 12.

2. A expressão *overcome by sameness* (vencidos pela mesmice) foi inspirada na análise da diferenciação de Youngme Moon em seu livro *Difference*, Kindle Edition, página 156.

3. Veja o vídeo de Chris Sacca e Kevin Rose discutindo este assunto: http://vimeo.com/26021720.

4. Herminia Ibarra, *Working Identity: Unconventional Strategies for Reinventing Your Career* (Boston, MA: Harvard Business School Press, 2004), 35.

5. http://www.mhhe.com/business/management/thompson/11e/case/starbucks.html.

6. http://www.jetblue.com/about/ourcompany/flightlog/index.html.

Capítulo 3

1. Richard N. Bolles, *What Color Is Your Parachute?* 2011 Ed. (New York: Ten Speed Press, 2011), 28.

2. Kevin Conley, "Sheryl Sandberg: What She Saw at the Revolution", *Vogue*, mai. 2010, http://www.vogue.com/magazine/article/sheryl-sandberg-what-she-saw-at-the-revolution/.

3. Ken Auletta, "A Woman's Place: Can Sheryl Sandberg Upend Silicon Valley's Male-Dominated Culture?", *The New Yorker*, 11 jul. 2011,

Notas

http://www.newyorker.com/reporting/2011/07/11/110711fa_fact_
auletta?currentPage=all.

4. http://www.businessweek.com/bwdaily/dnflash/content/mar2009/
db20090316_630496.htm.

5. Veja Jason Del Rey, "The Art of the Pivot" *Inc.*, 1 fev. 2011, http://
www.inc.com/magazine/20110201/the-art-of-the-pivot.html.

6. Andrew S. Grove, *Only the Paranoid Survive: How to Exploit the Cri-
sis Points That Challenge Every Company* (New York: Crown Business,
1999), 189.

Capítulo 4

1. Adrian Wooldridge, "The Silence of Mammon: Business People
Should Stand Up for Themselves", *The Economist*, 17 dez. 2009, http://
www.economist.com/node/15125372?story_id=15125372.

2. Nicholas Christakis e James Fowler, *Connected: The Surprising Power of
Our Social Networks and How They Shape Our Lives* (New York: Little,
Brown and Company, 2009), 22.

3. Pamela Walker Laird, *Pull: Networking and Success Since Benjamin
Franklin* (Cambridge, MA: Harvard University Press, 2007), 11.

4. Jeff Atwood, "The Bad Apple: Group Poison", *Coding Horror: Pro-
gramming and Human Factors* (blog), 19 fev. 2009, http://www.coding-
horror.com/blog/2009/02 /the-bad-apple-group-poison.html.

5. Paul Graham, "Why Smart People Have Bad Ideas", *PaulGraham.com*
(blog), abr. 2005, http://www.paulgraham.com/bronze.html.

COMECE POR VOCÊ

6. David Foster Wallace, *This Is Water: Some Thoughts, Delivered on a Signifi cant Occasion, About Living a Compassionate Life* (New York: Little, Brown, 2009), 39–40.

7. Neil Rackham e John Carlisle, "The Effective Negotiator, Part I: The Behaviour of Successful Negotiators", *Journal of European Industrial Training* 2, n. 6 (1978): 6–11, doi:10.1108/eb002297.

8. Edward O. Laumann, John H. Gagnon, Robert T. Michael e Stuart Michaels, *The Social Organization of Sexuality: Sexual Practices in the United States* (Chicago: University of Chicago Press, 1994).

9. David Brooks, *The Social Animal* (New York: Random House, 2011), 155.

10. Como ele define *laço fraco*? No estudo, ele usa a frequência do contato como sinal indireto para verificar a força do relacionamento. Essa medida é imperfeita: você pode ver sua secretária ou o porteiro todos os dias, mas isso não faz vocês terem um laço forte. Granovetter reconhece que medir a força de um relacionamento é algo mais amplo, uma "mistura da quantidade de tempo, intensidade emocional, intimidade (confiança mútua) e as ajudas recíprocas que caracterizam o laço". Pesquisas subsequentes confirmaram a conclusão original de Granovetter mesmo quando mediam a força de laços com critérios mais holísticos. Veja Granovetter, "The Strength of Weak Ties: A Network Theory Revisited", *Sociological Theory* 1 (1983): 201–33.

11. Mark S. Granovetter, "The Strength of Weak Ties", *American Journal of Sociology* 78, n. 6 (1973): 1371.

12. Ibidem, 1362.

13. Herminia Ibarra, *Working Identity* (Cambridge, MA: Harvard Business School Press, 1994: 113).

Notas

14. Veja o livro de Dunbar *How Many Friends Does One Person Need?* (Cambridge, MA: Harvard University Press, 2010), e também a entrada para o Número de Dunbar na Wikipedia, http://en.wikipedia. org/wiki/Dunbar's_number. Veja também a análise de Christopher Allen do conceito, "The Dunbar Number as a Limit to Group Sizes", *Life with Alacrity* (blog), 10 mar. 2004, http://www.lifewithalacrity. com/2004/03/the_dunbar_numb.html.

15. Jeffrey Travers e Stanley Milgram, "An Experimental Study in the Small World Problem", *Sociometry* 35, n. 4 (1969): 425–43, doi:10.1109/ TIT.2010.2054490.

16. Hazer Inaltekin, Mung Chiang e H. Vincent Poor, "Average Message Delivery Time for Small-World Networks in the Continuum Limit", *IEEE Transactions on Information Theory* 56, n. 9 (2010), 4447–70, doi:10.1109/TIT.2010.2054490.

17. http://blog.okcupid.com/index.php/online-dating-advice-exactly-what-to-say-in-a-first-message/.

18. Brian Uzzi and Jarrett Spiro, "Collaboration and Creativity: The Small World Problem", *American Journal of Sociology* 111, n. 2 (2005), 447–504. doi: 10.1086/432782.

19. Nicholas Christakis e James Fowler, *Connected: The Surprising Power of Our Social Networks and How They Shape Our Lives* (New York: Little, Brown and Company, 2009): Kindle Location 2691.

20. Veja o blog de Stowe Boyd (e a seção de comentários) para mais informações sobre este tema: http://www.stoweboyd.com/post/756220523/its-betweenness-that-matters-not your-eigenvalue-the.

COMECE POR VOCÊ

Capítulo 5

1. Kimberly Potts, *George Clooney: The Last Great Movie Star* (New York: Applause Theatre & Cinema Books, 2007), 50.

2. James H. Austin, *Chase, Chance and Creativity: The Lucky Art of Novelty* (Cambridge, MA: Harvard University Press, 2003), 69.

3. Uma oração parafraseada de James Austin.

4. Bo Peabody, *Lucky or Smart?: Secrets to an Entrepreneurial Life* (New York: Random House, 2004).

5. Steven Johnson, *The Invention of Air: A Story of Science, Faith, Revolution and the Birth of America* (New York: Riverhead Books, 2008), 53.

6. Ibidem.

7. Pamela Walker Laird, *Pull: Networking and Success Since Benjamin Franklin* (Cambridge, MA, Harvard University Press, 2007), 88.

8. AnnaLee Saxenian, *Regional Advantage: Culture and Competition in Silicon Valley and Route 128* (Cambridge, MA: Harvard University Press, 1994), 34.

9. Michael Eisner e Aaron D. Cohen, *Working Together: Why Great Partnerships Succeed* (New York: Harper Business, 2010), 202.

10. Nicholas Carlson, "Jeff Bezos: Here's Why He Won", *Business Insider*, 16 mai. 2011, http://www.businessinsider.com/jeff-bezos-visionary-2011-4#ixzz1NsYA4QfS.

Notas

11. Claire Cain Miller, "How Pandora Slipped Past the Junkyard", *The New York Times*, 7 mar. 2010, http://dealbook.nytimes.com/2010/03/08/how-pandora-slipped-past-the-junkyard.

Capítulo 6

1. Reannon Muth, "Are Risk-Takers a Dying Breed?", *Matador*, 13 jun. 2010, http://matadornetwork.com/bnt/are-risk-takers-a-dying-breed/.

2. Jonathan Haidt, *The Happiness Hypothesis: Finding Modern Truth in Ancient Wisdom* (New York: Basic Books, 2006), 29.

3. Anthony Iaquinto e Stephen Spinelli Jr., *Never Bet the Farm: How Entrepreneurs Take Risks, Make Decisions – and How You Can, Too* (San Francisco: Jossey-Bass, 2006), 78.

4. Stephen H. Shore e Raven Saks, "Risk and Career Choice", *Advances in Economic Analysis and Policy* 5, no. 1 (2005), http://www.bepress.com/bejeap/advances/vol5/iss1/art7.

5. Nassim Taleb, *The Black Swan: The Impact of the Highly Improbable* (New York: Random House, 2010), 204.

6. Joshua Cooper Ramo, *The Age of the Unthinkable: Why the New World Disorder Constantly Surprises Us and What We Can Do About It* (New York: Back Bay Books, 2010), 181.

7. Ibidem.

8. Aaron B. Wildavsky, *Searching for Safety* (Piscataway, NJ: Transaction Publishers, 2004), 98.

COMECE POR VOCÊ

Capítulo 7

1. Bill Gates, *Business @ the Speed of Thought: Using a Digital Nervous System* (New York: Warner Books, 1999), 3.

2. Ken Auletta, "A Woman's Place: Can Sheryl Sandberg Upend Silicon Valley's Male-Dominated Culture?", *The New Yorker*, 11 jul. 2011, http://www.newyorker.com/reporting/2011/07/11/110711fa_fact_auletta?currentPage=all.

3. Hagit Limor, "Anatomy of a Tsunami from the Center That Warned the World", *KY Post*, 18 mar. 2011, http://www.kypost.com/dpps/news/world/anatomy-of-a-tsunami-from-the-center-that-warned-the-world_6179439.

4. "Report: Hawaii Tsunami Damage at $30.6M", *Pacific Business News*, 24 mar. 2011, http://www.bizjournals.com/pacific/news/2011/03/24/report-hawaii-tsunami-damage-at-306m.html.

5. Nathan Bennett e Stephen Miles, *Your Career Game: How Game Theory Can Help You Achieve Your Professional Goals* (Stanford, CA: Stanford University Press, 2010), 16.

CONHEÇA OUTROS LIVROS DA ALTA BOOKS!

Negócios - Nacionais - Comunicação - Guias de Viagem - Interesse Geral - Informática - Idiomas

   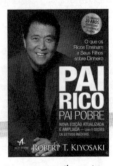

Todas as imagens são meramente ilustrativas.

SEJA AUTOR DA ALTA BOOKS!

Envie a sua proposta para: autoria@altabooks.com.br

Visite também nosso site e nossas redes sociais para conhecer lançamentos e futuras publicações!

www.altabooks.com.br

/altabooks ▪ /altabooks ▪ /alta_books

ALTA BOOKS
EDITORA

CONHEÇA OUTROS LIVROS DA ALTA BOOKS!

Negócios - Nacionais - Comunicação - Guias de Viagem - Interesse Geral - Informática - Idiomas

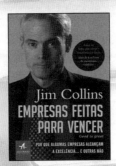

Todas as imagens são meramente ilustrativas.

SEJA AUTOR DA ALTA BOOKS!

Envie a sua proposta para: autoria@altabooks.com.br

Visite também nosso site e nossas redes sociais para conhecer lançamentos e futuras publicações!

www.altabooks.com.br

/altabooks ▪ /altabooks ▪ /alta_books

ALTA BOOKS
EDITORA